刑事检察工作指导

2024年第2辑·总第22辑

主　编／苗生明

主　办／最高人民检察院普通犯罪检察厅、重大犯罪检察厅、
职务犯罪检察厅、经济犯罪检察厅

中国检察出版社

图书在版编目（CIP）数据

刑事检察工作指导 . 2024 年 . 第 2 辑 / 苗生明主编 . 北京 : 中国检察出版社 , 2024. 8. -- ISBN 978-7-5102-3132-2

Ⅰ . D925.204

中国国家版本馆 CIP 数据核字第 20244FU945 号

刑事检察工作指导（2024 年第 2 辑）

苗生明　主编

责任编辑： 王　欢
技术编辑： 王英英
美术编辑： 徐嘉武

出版发行： 中国检察出版社
社　　址： 北京市石景山区香山南路 109 号（100144）
网　　址： 中国检察出版社（www.zgjccbs.com）
编辑电话：（010）86423780
发行电话：（010）86423726　86423727　86423728
（010）86423730　86423732
经　　销： 新华书店
印　　刷： 河北宝昌佳彩印刷有限公司
开　　本： 710 mm × 960 mm　16 开
印　　张： 13.25
字　　数： 157 千字
版　　次： 2024 年 8 月第一版　　2024 年 8 月第一次印刷
书　　号： ISBN 978-7-5102-3132-2
定　　价： 60.00 元

《刑事检察工作指导》
编委会

《刑事检察工作指导》特邀编辑

目　录

【实务研究】

Benji Tegao

本辑特稿

以证据为中心的刑事指控体系的构建

陈国庆 *

引 言

刑事诉讼是现代法治的重要组成部分，直接关系公民人身、财产等重要权益，直接关系到社会秩序安定和国家长治久安，是国家法治文明程度和人权保障程度的重要体现，刑事诉讼的现代化是中国式法治现代化不可或缺的组成部分。为实现刑事诉讼的现代化，近年来我国自上而下深入推进以审判为中心的刑事诉讼制度改革，并配套大力推动认罪认罚从宽制度改革，促使我国司法权配置不断优化、刑事诉讼构造不断完善、刑事诉讼模式不断向现代化转型。以审判为中心的刑事诉讼改革本质上是为了更好地确保案件质量、实现司法公正。其核心要求有二：一是侦查、审查起诉的案件质量问题；二是庭审实质化问题。侦查、审查起诉的案件质量如何与证据息息相关，能否构建符合标准的定罪量刑证据指控体系直接决定了侦查、审查起诉的案件质量；实质化的庭审更是围绕证据展开，举证、质证各环节都围绕证据进行，证据则由检察机关提供，检察机关承担指控证明责任。因此，构建以证据为中心的刑事指控体系，对推动实现诉讼应当以审判为中心、审判以庭审为中心、庭审以证据为中心的刑事诉讼新格局意义重大。此外，为实现“让人民群众在每一个司法案件中感受到公平正义”的目标，最高检党组提出“高质效办好每一个案件”这一检察

* 陈国庆，最高人民检察院党组成员、副检察长，法学博士。

履职办案的基本价值追求，并从实体上确保实现公平正义，程序上让公平正义更好更快实现，效果上让人民群众可感受、能感受、感受到公平正义等三个层面作出阐释。“高质效办好每一个案件”体现了现代司法公正和效率的基本价值追求，客观上要求必须构建以证据为中心的刑事指控体系，实现办案质量、效率和效果的有机统一。

刑事指控是检察机关以追究犯罪嫌疑人、被告人刑事责任为目的的刑事追诉活动，包括检察机关引导侦查收集证据、审查侦查移送证据认定案件事实、补充侦查以及法庭指控证明犯罪等一系列诉讼活动。以此以证据为中心的刑事指控体系贯穿侦查、起诉、审判各个环节，关涉理念更新、职权配置、制度机制等，涵盖把握原则、证明标准、举证责任、证明规则等一系列理论和实践问题。本文重点从构建以证据为中心的刑事指控体系应当坚持的原则、审前程序、审查起诉、出庭公诉等四个维度对体系构建进行阐释，以期为实现中国特色刑事指控体系构建、推动中国式司法现代化有所裨益。

一、刑事指控体系应当坚持的原则

构建以证据为中心的刑事指控体系既要立足中国国情，契合中国特色社会主义司法制度的内在要求，又要体现司法规律，吸收、借鉴现代刑事司法准则。具体而言：

（一）坚持证据裁判原则

证据裁判原则是现代刑事诉讼的一项基本原则。它要求不论犯罪嫌疑人、被告人是否认罪，提起公诉、作出有罪判决都应当坚持证据裁判。证据裁判中，首先是坚持法定证明标准，以及由此而引出的疑罪从无。我国刑事诉讼法对侦查终结、提起公诉、判决有罪规定了同样的证明标准，即“犯罪事实清楚，证据确实、充分”。但实践中，对这一法定证明标准的理解和把握往往不统一，侦查、起诉、审判各有各的把握，最终带来案件质量方面的隐患。其次是运用好证据规则，包括直接言词原则、传闻证据规则、口供补强规则等等。最后是改革证据审查方式，坚持客观性证据与主观性证据相结合的证据审查模式，增强亲历性。

（二）强化人权保障原则

保障人权是人类文明的重要标志。公正司法是人权保障的最后一道防线。刑事案件中，相对于强大的国家追诉，公民个人处于天然的弱势地位，如果缺乏基本的知情权、辩护权和申诉权，缺乏法定的程序保障其获得公正审判，那么其人身权、财产权等基本人权将难以得到保障。“二战”后，联合国主导下通过一系列国际公约所确立的刑事司法国际准则中，最为突出的就是保障人权。无论是程序法定、无罪推定原则，还是有效辩护、平等武装、诉讼及时、禁止重复追究等原则，核心都是对人权的保障。构建以证据为中心的刑事指控体系，必须强化人权保障，一方面，依法保障犯罪嫌疑人、被告人的辩护权，坚持控辩平等，注重听取辩方意见，保障犯罪嫌疑人、被告人等能够获得及时的有效辩护；另一方面，更加关注被害人的合法权益。现代刑事司法中，被害人的利益越来越得到重视，最为典型的就是 20 世纪 70 年代起在西方国家兴起并迅速普及到全世界范围内的“恢复性司法”。恢复性司法将被害人—被告人关系置于刑事诉讼制度的重要位置，为我们提供了一种以和平方式、在案件当事人充分参与的基础上解决刑事冲突的新途径，使现代以来几乎由国家垄断刑事公诉案件的诉讼进程，转而更加注重发挥当事人的积极作用，尤其是注重维护被害人的权益，使被害人得到较为充分的救济，实现当事人的和解并促使犯罪人认罪、融入社会、改过自新，尽快恢复被破坏的社会秩序和社会关系。[①]构建以证据为中心的刑事指控体系应当兼顾好保障人权与惩治犯罪的平衡，最大限度维护公共利益和被害人的合法权益和诉求。

（三）坚守客观公正立场

联合国《关于检察官作用的准则》规定了检察官的客观公正义务，又被称为客观公正原则。检察官法第5条第1款规定："检察官履行职责，应当以事实为根据，以法律为准绳，秉持客观公正的立场。"社会上有人往往把检察机关只看作犯罪追诉人和惩治者，一些检察人员也存在重打击轻保护、重实体轻程序、重配合轻制约的倾向，体现在办案上就存在可捕可不捕的倾向于捕，可诉可不诉的倾向于诉，可宽可严的倾向于严。作为国家法律监督机关的这一宪法定位决定了检察机关绝不只是单纯履行追诉职责，而应把客观公正作为履职的本质要求，不能单纯地追诉犯罪，而应当既注重对被追诉者不利的方面，又注重对被追诉者有利的因素，依法收集、审查能够证实犯罪嫌疑人、被告人有罪或者无罪、犯罪情节轻重的各种证据，依法保障犯罪嫌疑人、被告人和被害人的合法权利，切实做到不偏不倚、不枉不纵，既无过度也无不及，既当好犯罪的追诉者，也当好无辜的保护者，更当好公共利益的代表，努力成为中国特色社会主义法律意识和法治进步的引领者。

（四）坚持控审分离原则

控审分离原则是现代刑事诉讼的基本原则之一。构建以证据为中心的指控体系，由检察机关履行指控职责，承担证明责任，法院履行审理和判决职责，充分体现了控审分离原则下的不告不理精神，也是

① 陈国庆：《论检察》，中国检察出版社2014年版，第315页。

刑事司法现代化的重要内容。不告不理是调整和规范起诉与审判关系的重要原则。简单说，公诉具有启动审判的功能，包含两层含义：一是审判以起诉为前提，未经起诉的案件法院不得径行审判，庭审的主体是包括两造在内的控辩审三方，缺一不可，没有起诉指控就没有法庭和审判；二是审判受起诉范围限制，即所谓“诉审同一”。我国控审关系在不告不理上特别是诉审同一方面仍然存在不足，突出表现就是刑事诉讼法关于起诉效力与审判范围问题规定得不够明确，导致实践中出现审判对象超出起诉范围的情况。理论界与实务界关于公诉权与裁判界限问题一直以来都存在着激烈的争论。这与我国刑事诉讼法对起诉的效力、变更起诉、追加起诉等规定不完善存在直接关系。构建以证据为中心的刑事指控体系，完善控审分离下的不告不理制度，探索建立诉因制度，充分发挥公诉启动审判的功能，是刑事检察现代化的必然要求。

（五）坚持控辩平等原则

控辩平等原则要求构建有效辩护制度，健全新型诉辩关系。以证据为中心的刑事指控体系的有效运作，是以控、辩、审三大诉讼职能的良性互动为基础，惩罚犯罪和保障人权两大价值目标的实现，也离不开控、辩双方的协作和努力。检察官与律师，虽然职责任务、角色定位等不尽相同，但在职能定位、价值目标、履职要求和执业特点等方面均存在共通之处，两者都是法律职业共同体，都是社会主义法治工作者，彼此之间应当相互尊重、平等相待、良性互动，而非对立。然而实践中仍然存在对律师权利行使存在抵触、保障不到位的情况发生，甚至在个别案件上，检察机关与律师的对立相当严重。推动控辩双方良性、合作、有序对抗，保障律师依法执业，是控辩平等的要求，也是诉辩关系的发展方向，更是推进公正司法、提升司法公信力的必然要求。

二、诉前程序中刑事指控体系的构建

构建以证据为中心的刑事指控体系，首要任务将审判的证据要求向侦查前端传导，确保侦查、起诉的案件质量。由此，必须强化公诉在审前程序中的主导作用，完善提前介入引导侦查取证机制，加强监督与协作，构建“大控方”格局，夯实案件质量根基。

（一）规制侦查权，构建“大控方”指控格局

诉侦具有诉讼职能的趋同性和天然的紧密联系，构建诉侦协作的“大控方”追诉格局，具有可行性和必要性。[①] 刑事诉讼中，侦查是审查起诉和法庭审判的前提和基础，侦查质量直接影响审查起诉和审判的质量；检察（公诉）上连侦查，下接审判，处在承上启下的中间环节，将证据要求通过检察这一中间环节由审判向侦查前端传导，是构建刑事指控体系的必然要求。而侦查活动具有封闭性、秘密性的特点，容易出现侵犯公民人身、财产等合法权利的现象。无论英美法系国家还是大陆法系国家，都通过法定程序和制度设计以规制侦查行为，确保侦查活动合法进行，这也成为现代刑事司法的准则之一。我国刑事诉讼实行公安机关、检察机关、审判机关分工负责、相互配合、相互制约原则，但实践中往往配合有余、制约不足。由于传统上侦查职能的强大优势，原有的刑事诉讼模式实际中心在侦查阶段，检察机关公诉职能的行使在一定程度上依赖于侦查职能的行使，致使检察机关对侦查活动监督乏力，检察权对侦查权的控制相当微弱，这直接影响了侦查和起诉的质量。[②] 这一状况随着以审判为中心的刑事诉讼制度改

---

① 樊崇义：《以审判为中心视角下诉侦关系的重构》，载《以审判为中心诉讼制度改革与检察工作发展——第十一届国家高级检察官论坛论文集》，中国检察出版社2015年版。

② 樊崇义主编：《刑事审前程序改革实证研究》，中国人民公安大学出版社2006年版，第29—30页。

革的推进逐步改观，但与刑事司法现代化的要求相比，还需要进一步巩固和深化。构建以证据为中心的刑事指控体系就是解决上述问题的出路，它要求在三机关分工负责、相互配合、相互制约的大原则下，加强检察机关对侦查权的监督和制约，改造侦诉关系，充分发挥公诉在审前程序中的主导地位，将公诉作为一切审前程序的出发点和落脚点，加强对侦查活动的引导和规制，将证据要求通过公诉这一中间环节由审判向侦查前端传导，构建“大控方”指控格局，形成提升案件质量的合力。

（二）完善介入侦查引导取证工作机制

完善介入侦查引导取证工作机制是构建“大控方”指控格局的重要路径。实践中有些案件特别是重大复杂案件之所以诉不出、判不了，根源在于侦查取证不到位、案件证据基础不扎实。为有效解决这一问题，重大案件检察机关提前介入引导侦查取证工作机制得以建立。经过四十年的实践探索，已成为不少地方检警办理重大案件稳定成熟的做法和常态，即通过检察机关及时介入引导侦查取证，确保重大案件的侦查质量和追诉效果，同时也有效降低了退查延期率和防止以刑事手段插手经济纠纷。但这一机制在实践运行中还存在一些问题：一是法律位阶低，没有从立法上予以确立，只适用于检察机关内部，对公安机关没有约束力，未规定公安机关的配合义务；二是规定太笼统，没有对提前介入的案件范围、介入时间、介入的效力以及其他细节作出规定，影响了制度效果的发挥。构建以证据为中心的刑事指控体系，要求完善检察机关介入侦查、引导取证工作机制：首先，把握好介入侦查引导取证的基本原则——适当、适时、适度。所谓适当，是指介入引导侦查的案件范围，包括一般应当是在当地有重大影响或者敏感、疑难、复杂的案件，比如重大暴力犯罪案件、涉黑恶犯罪案件、重大经济案件以及重大敏感复杂案件等；必须确有必要；必须确保侦查取证工作依法、客观、及时、全面进行。所谓适时，是指引导侦查取证的时间，一般在批准逮捕后、移送审查起诉之前，必要时可以在立案的同时同步介入。所谓适度，是指在加大介入引导侦查取证的同时，要防止过度介入，把监督、引导变成指导、领导，更要防止利用优势地位干涉侦查活动。其次，明确介入侦查引导取证的方式。主要包括参与研究侦查机关（部门）已经获取的证据材料并提出补充、固定和完善的意见；参加侦查机关（部门）对于重大案件的讨论、参加侦查机关（部门）的勘验、检查等侦查活动。特别对于重大命案，要通过第一时间介入现场勘查、介入侦查机关第一次讯问、参加案件讨论等方式，提出对侦查取证的意见和建议，实现侦查工作由"抓人破案"向"证据定案"的转变。最后，明确介入侦查引导取证的重点。按照起诉的证据标准，对侦查机关（部门）的侦查方向、重点，以及证据的收集、固定、补充和完善提出建议，发现侦查活动有违法情形的，及时提出纠正意见，力争在案件移送审查起诉前解决好证据的确实充分问题和合法性问题。

（三）完善对刑事拘留、监视居住等强制措施和查扣冻等强制性侦查措施的监督机制

作为限制人身自由的两种刑事强制措施，逮捕有来自外部的监督制约，即需要由检察机关批准，而刑事拘留这一羁押措施则由侦查机关单方作出，缺乏来自外部的监督制约。实践中，刑拘后未提请逮捕，未严格依照拘留的法定条件、任意扩大拘留对象滥用刑事拘留强制措施的现象并不鲜见，对不符合法定条件的案件延长拘留期限的情况也较为突出。监视居住作为逮捕的替代措施，其适用前提是符合逮捕条件，因有法定情形而不宜逮捕而适用。但实践中，变相在羁押场所、

办案场所监视居住、违规适用指定居所监视居住情况时有发生。此外，刑事诉讼中，搜查、检查、查封、扣押、冻结等强制性侦查措施，缺少来自外部的监督制约，实践中超额、超期等不规范查扣冻现象时有发生。构建以证据为中心的刑事指控体系要求加强对人民群众反映强烈的违法搜、查、扣、冻等强制性侦查措施的检察监督，探索开展对刑事拘留的监督，建立具有中国特色的强制性侦查行为的司法监督机制。

（四）完善补充侦查制度

补充侦查工作对于及时固定完善证据，依法惩治犯罪，保障当事人合法权益具有十分重要的作用。完善补充侦查制度是检察机关实施侦查监督工作的需要，也是有效指控和追诉犯罪的需要。近年来，检察机关和公安机关采取有效措施，共同推动补充侦查工作不断完善，取得了较好成效，存疑不起诉案件数量明显下降，多次延长、退查现象明显好转，侦查监督得到强化。但实践中仍然存在一些问题，侦查人员执法理念、取证规范化程度和专业化水平有待进一步提升，检察机关补充侦查提纲质量不高、退而不查、查而不细、查而不清等问题仍一定程度上存在，检察机关自行补充侦查意识、能力和水平尚有较大差距，公安机关、检察机关通过退回补充侦查延长办案期限导致程序空转的情况仍然存在，需要进一步加强和改进。一是充分发挥“捕诉一体”办案机制优势，加强引导侦查取证。对于作出批准逮捕决定的案件，为保证案件达到起诉标准，积极提出捕后侦查意见，消除“捕后诉前”监督盲区，尽可能把证据问题解决在移送审查起诉之前，有效降低案件在审查起诉阶段的退查率。强化因证据不足不捕后提出补充侦查的规范性和有效性，规范补充侦查提纲的制作，继续推进案件证据的收集、固定，积极履行司法办案的主体责任。二是强化对补充侦查工作的监督。加强对退回补充侦查案件的跟踪监督，实时掌握侦查进展情况，及时审查已补充调取的证据、了解未落实事项的原因与困难，确保补充侦查实效。加强对补充侦查活动合法性、规范性的监督，对公安机关未及时有效开展补充侦查工作的，进行口头督促；对因不及时补充侦查导致证据无法收集影响案件处理的，必要时可制发检察建议；对非法取证等情形依法启动调查核实程序、制发纠正违法通知书，涉嫌犯罪的应依法进行侦查。还要特别加强对补充侦查后未重报案件的监督，审查逮捕阶段补充侦查后未重报的，及时与侦查人员沟通查明原因；审查起诉阶段补充侦查期限届满未重报的，依法要求公安机关说明理由；发现公安机关违反法律规定撤销案件、终止侦查，或者长期“挂案”等情形的，应当提出纠正意见。三是加大自行补充侦查力度。在具备自行侦查条件、具有自行侦查可行性、自行补充侦查更为适宜的情况下，依法开展自行补充侦查，推动自行补充侦查从轻微刑事案件向重大、疑难、复杂案件扩展。

（五）完善侦查监督与协助配合机制

健全完善侦查监督与协作配合机制，是公安机关、检察机关全面贯彻习近平法治思想、落实以人民为中心发展思想的重要成果，契合党的二十大关于规范司法权力运行，健全公安机关、检察机关相互配合、相互制约的体制机制，强化对司法活动的制约监督的部署要求，开启了新时代检警关系新的发展阶段。自2021年公安部与最高检联合印发《关于健全完善侦查监督与协作配合机制的意见》以来，各级检察机关会同公安机关采取切实有效的措施推进意见落实，因地制宜推进办公室建设，共同设立侦查监督与协作配合办公室4000余个，实现侦监协作办公室全覆盖。在侦监协作机制及办公室运行推动下，检察监督办案质效得到明显提升，监督立案、监督撤案、书面纠正侦查活动违法等主要监督数据大幅上升；检察机关提前介入案件数量明显上升，延长审查起诉期限、退回补充侦查件次明显下降；公安机关对检察机关不批捕、不起诉决定提出复议复核数大幅下降。下一阶段，检察机关应当会同公安机关完善侦查监督与协作配合机制，加强侦监协作办公室建设，依托侦监协作机制，共同规范侦查活动规范进行，提升办案质效。一是加强沟通协作，推动侦监协作办公室规范化、实质化、长效化运行。推动办案数据双向共享，以大数据赋能法律监督，破解传统侦查监督办案模式长期面临的监督线索来源渠道窄、发现获取难等问题，提升侦查监督信息化水平。加强侦查监督平台建设，对于侦查监督平台数据、不捕不诉及法院判决等反映侦查办案质量的检察业务数据，推动形成与公安机关的定期通报、共同研判机制。二是加强对立案活动的监督。针对实践中以刑事手段插手民事纠纷、刑事“挂案”现象较为突出的问题，依托侦协办，会同公安机关积极开展刑事“挂案”清理工作，加强对公安机关立案活动和撤案活动的监督，及时发现和纠正应当立案而不立案、不应当立案而立案、长期“挂案”等违法情形。同时，推动在刑事诉讼法第 113 条增加规定对侦查机关不该立案而立案的监督内容，为有效防止以刑事手段插手民事纠纷提供立法支持。

三、审查起诉程序中指控体系的构建

以证据为中心的刑事指控体系的核心内容体现在审查起诉环节，这一环节中，检察机关通过审查判断运用证据，构建定罪量刑证据指控体系，对符合法定证明标准的案件依法提起公诉，对不符合法定证明标准的案件依法不起诉，从而实现审前把关和过滤功能，防止案件“带病”进入审判程序。

（一）法定证明标准的把握

证据裁判中，首先涉及的就是法定证明标准问题，以及由此而引出的疑罪从无。我国刑事诉讼法对侦查终结、提起公诉、判决有罪规定了同样的证明标准，即“犯罪事实清楚，证据确实、充分”。[①] 这一证明标准与英美法系“排除合理怀疑”和大陆法系“内心确信”的证明标准不同，它更强调和追求的是客观真实，[②] 这是建立在人能够认识世界的哲学基础之上，然而在特定时空范围内，人的认识受认知能力、认识手段等主客观条件的限制，查办案件也是如此。运用证据证明案件事实本身存在着难以克服的弱点，这根源于证据相对于案件事实的不完整性，证据作为案件发生后遗留下来的一些蛛丝马迹，全部收集既不可能，凭借这些事实的碎片重构的案件事实与客观事实之间或多或少存在差异。正如英国著名的证据法学家摩菲所说，“司法审判不是寻求审查被调查的过去事件（即案件）的最终真实性，而是确立一种回复过去事件可以被接受的正确的可能性。因人类自身的经验属性所决定，不可能以科学或数学的确定性探究过去事件的真实性”。[③] 因此，无论是证据运用还是事实查明都很难做到 100%，司法者仅能使根据证据获得的事实尽可能接近于客观事实，尽可能与客观事实相符合、相一致。因此，在运用“犯罪事实清楚、证据确实、充分”这一证明

① 根据刑事诉讼法第 176 条规定，“人民检察院认为犯罪嫌疑人的犯罪事实已经查清，证据确实、充分，依法应当追究刑事责任的，应当作出起诉决定”，第 200 条规定，“案件事实清楚，证据确实、充分，依据法律认定被告人有罪的，应当作出有罪判决”。

② “排除合理怀疑”和“内心确信”都是基于追求法律真实而设立的证明标准，两者均更加强调证明的主观性，当然这种主观判断并非恣意，也需依靠证据和推理。

③ See Peter Murphy, *Murphy on Evidence*, Blackstone Press Limited, 6thed, 1997, p.2.

标准时，就容易出现不统一的情况，侦查、起诉、审判各有各的把握，最终带来案件质量方面的隐患。

1. 犯罪事实清楚，证据确实充分的正确理解。犯罪事实清楚是指按照刑法规定足以影响到定罪判刑的事实，即决定被告人的行为是否构成犯罪、构成何种犯罪及罪行轻重的事实已查清。证据确实、充分，其中“确实”是指证据必须是客观真实的而非臆想或伪造的，“充分”是对证据量的要求，即案件所有证据中对定罪量刑有直接影响的那部分证据已查实，这些数量的证据能够形成完整锁链，得出的关于犯罪事实的结论，能够排除其他可能性。在运用“法定证明标准”认定案件时，需要注意把握底线要求就是“人不要搞错，事不要搞错”。因为事实和证据之间存在着互动联系，证据相对于案件事实具有不完整性，全部收集概率微乎其微，而查明多少事实需要根据证据的证明情况来定，证据每缩减一分，事实认定上就要退让一分，相应的刑罚就要作出调整，要认定犯罪、实现指控至少要做到“人和事都不能搞错”，至于多笔事实中认定几笔或多个罪行中认定几个等问题则需根据证据情况具体把握。具体来讲：（1）属于单一罪行的案件，查清的事实足以定罪量刑或者与定罪量刑有关的事实已经查清，不影响定罪量刑的事实无法查清的；（2）属于数个罪行的案件，部分罪行已经查清并符合起诉条件，其他罪行无法查清的；（3）无法查清作案工具、赃物去向，但有其他证据足以对被告人定罪量刑的；（4）证人证言、犯罪嫌疑人供述和辩解、被害人陈述的内容中主要情节一致，个别情节不一致且不影响定罪的。[①] 这里需要注意的，上述底线要求，并非意味着鼓励放弃对细枝末节事实和证据的查证。事实上，一个案件在

① 《人民检察院刑事诉讼规则》第355条。

侦查、审查过程中，往往难以确定哪些是基本事实、哪些是基本证据。因此，在案件的侦查、审查过程中，还是应当尽最大努力多方收集证据，尽可能使案件的全部事实都能得到证明，得以查清。否则，如果在侦查初期，就带着什么是本案的基本事实和基本证据的框框去收集证据、认定案件事实，则可能偏听偏信，贻误战机，使本有可能收集到的证据遗失，使破案工作步入歧途，最终影响案件的结案处理。但是，在结案处理时，即对证据进行综合审查判断，用以证明案件事实时，则要按照底线要求，不可纠缠于细枝末节。

2. 疑罪从无原则的把握。无罪推定是现代刑事司法的基本原则，由无罪推定延展而来的疑罪从无，也称“存疑有利于被告”，已成为一项基本的刑事诉讼证据原则，为各国所确认。我国立法和司法解释也对这一原则作出确认。根据刑事诉讼关于公诉案件证明被告人有罪的举证责任规定由人民检察院承担，关于证明标准中证据确实充分如何理解的规定，疑罪从无显然是应有之义。对此，刑事诉讼法第 175 条第 4 款规定“对于二次补充侦查的案件，人民检察院仍然认为证据不足，不符合起诉条件的，应当作出不起诉的决定”。第 200 条第 3 项规定“证据不足，不能认定被告人有罪的，应当作出证据不足、指控的犯罪不能成立的无罪判决”。相关司法解释也作出了类似规定。疑罪从无原则有多重内涵，需要把握以下几点：一是有罪无罪存疑时应当认定被告人无罪；二是重罪事实存疑，则对重罪事实不予认定，而认定有确实充分证据证明的较轻犯罪事实；三是多个犯罪或者多起犯罪事实中，部分犯罪或者部分犯罪事实证据存疑时，应当对该部分罪名及犯罪事实不予认定；四是犯罪数额存疑时，应当就低不就高。

在严格依法坚持疑罪从无的同时，也要防止“简单化”“机械化”，特别是防止为了避免所谓“诉讼风险”，该判的案子不判、该诉的案子不诉的倾向。这无论是从具体的个案还是国家宏观层面，都会引发指控和惩治犯罪力度的削弱问题，尤其是惩治严重犯罪的力度减弱以及被害人权益保障、被害抚慰和社会秩序、公共利益的有效保护。因此，必须准确理解和把握疑罪从无中的“疑”，避免夸大“诉讼风险”，确保有罪之人受到追诉，被害人合法权利和全社会安全利益得到保护。“存疑”的前提是案件已经缺乏任何取证空间，需要作出终局性判断，而不是一旦出现证据矛盾或证据缺失，就直接作出不起诉或者判决无罪。案件办理过程中发现疑点是正常的，刑事诉讼法之所以设置退回补充侦查、自行补充侦查等制度，就是为了收集完善证据来解决疑点、查明事实真相。不能过度强调所谓的“诉讼风险”，将难案等同于疑案。对于疑难复杂案件或者法律评价存在认识分歧的案件，要有勇于担当的精神和查明真相的执着，确保真正犯罪者受到依法惩治，无辜者不受法律追究。还需要注意的是，认罪认罚从宽制度适用已经成为刑事诉讼新常态。认罪认罚从宽制度可以有效降低证明难度，但绝不能降低证明标准，对犯罪嫌疑人、被告人认罪认罚，但综合全案证据证明的事实存疑时，应当作出有利于犯罪嫌疑人、被告人的决定，防止因犯罪嫌疑人、被告人认罪认罚而忽视法定证明标准。

（二）证据规则的运用

审查起诉阶段，指控体系构建的关键在于如何运用证据规则审查证据、认定指控事实。证据规则包括直接言词原则、传闻证据规则、补强证据规则、非法证据排除规则、印证规则、心证规则等等。结合刑事诉讼法和相关司法解释规定，本文重点就印证规则、排除合理怀疑规则和非法证据排除规则的运用作出阐述。

1. 印证规则的运用。检察官通过审查单一证据、构建证据体系，进而证明指控事实。在用证据证明指控事实过程中，证据之间的相互印证对指控证据体系的构建非常关键。这就涉及印证规则的运用，实践中，包括五种不同印证类型：一是同证，即相同信息共同证明；二是契合，即证据之间通过契合性产生证明力；三是聚合，即不同证据指向不同事实，不同事实有内在联系共同指向待证事实；四是补强，是辅助证据单面支持主要证据，是广义上的印证类型；五是相似，即他案事实与本案事实的相似性形成印证。[①] 从印证规则的具体适用看，其侧重于证据之间的客观印证。与印证相对应的是心证，心证规则建立在经验法则之上。2012年刑事诉讼法修改后，在法定证明标准的规定中引入了排除合理怀疑的概念，排除合理怀疑就是典型的心证，它既是证明标准，也是证明方法，下文将述。运用印证规则构建证据指控体系，需要注意证据之间、证据与待证事实、相似事实之间，是否能够相互印证，具体而言：一是单个证据的内部组成部分之间、同类证据之间以及不同类型的证据之间，各自证明的案件事实信息存在重合或者交叉，不存在无法排除的矛盾和无法解释的疑问，相互验证真实性、共同证明待证事实；二是证据与待证事实之间，是否能够互相支持、互相强化，如果证据与待证事实之间存在一致性，则待证事实可信度增加；三是犯罪嫌疑人、被告人实施多起类型或者性质上相类似的行为，如果待证事实与该行为具有显著的相似性，该相似行为的事实证据可以作为定案依据。犯罪嫌疑人、被告人提出合理辩解或者有相反证据的除外。

2. 排除合理怀疑的把握。刑事诉讼法第55条第2款规定："证据确实、充分，应当符合以下条件：（一）定罪量刑的事实都有证据证明；（二）据以定案的证据均经法定程序查证属实；（三）综合全案证据，

① 参见龙宗智：《建立指控证据体系须用好三大证据规则》，载《中国检察官》2024年第3期。

对所认定事实已排除合理怀疑。”所谓合理怀疑，是以事实证据、逻辑和经验法则为根据的怀疑，是基于证据分析产生的对被告人是否犯罪存在合乎逻辑和常理的疑问，最为典型的就是根据全案证据无法得出唯一结论，或者无法排除其他可能性。当然也包括在犯罪嫌疑人、被告人作出有罪供述的情况下，所供述的犯罪事实无法得到其他证据的印证，以及在案件没有直接证据的情况下，全案间接证据无法相互印证，难以形成完整的证明体系或证据锁链等情形。司法实践中，对案件事实证据的怀疑，一是要注重调查核实是否真实存在，二是要结合常识、常理和常情判断其合理性，三是要判断是否影响到对犯罪嫌疑人、被告人的定罪量刑。对经调查核实，系与认定犯罪无关事实的怀疑、无根据的主观臆测的怀疑，据以支持该怀疑的证据系编造或者虚构，其他以及不符合情理事理和自然规律定律的怀疑等，应当认为不属于合理怀疑。具体到个案办理，是否排除合理怀疑较为复杂，需要司法人员根据办案经验，充分运用证据规则，综合全案进行判断。

3. 非法证据排除规则的适用。非法证据排除规则在美国确立之后被许多国家的立法、司法借鉴和采纳，成为现代刑事司法的一项重要证据规则。为加强对非法取证行为的规制，防范冤假错案，2012 年刑事诉讼法修改，正式确立了非法证据排除规则。此后，刑事案件排非数量不断增多，证据的合法性问题经常成为控辩交锋的焦点问题，“程序之辩”一度成为热点，在一些重大疑难复杂案件中尤为如此。在认罪认罚从宽制度广泛适用的背景下，排非问题同样应当值得高度重视。认罪认罚从宽制度得以适用的前提是认罪认罚系自愿作出，实践中不乏因非自愿而反悔上诉或者提出控告申诉的案例。

构建以证据为中心的刑事指控体系，应当依法适用好非法证据排除规则。就非法言词证据而言，根据法律、司法解释的规定，殴打、违法使用戒具等肉刑或者冻饿晒烤变相肉刑，以及威胁等使犯罪嫌疑人、被告人遭受难以忍受的痛苦等方法均属于非法方法，这些非法方法迫使犯罪嫌疑人、被告人违背意愿作出供述，应当予以排除。因此，在判断是否构成非法证据进而适用排除规则时，应当重视对犯罪嫌疑人、被告人是否违背意愿进行审查。这就引出刑事证据规则中一项非常重要的证据规则，即“自白任意性规则”。“按照该规则的要求，提取被告人的供述必须遵循自愿性原则，凡是违反被告人自由意志而获得的供述都应当排除。”[①]我国刑事诉讼法虽没有规定自白任意性规则，但通过“不得强迫任何人证实自己有罪”和非法证据排除等规则的确立，逐步更加重视和关注供述的自愿性，并对认定和排除非法证据产生影响。就非法实物证据而言，应当重点审查是否“可能严重影响司法公正”，是否作出补正或者合理解释，对不能补正或者作出合理解释的，应当予以排除。就非法衍生证据而言，理论上重点涉及对非法供述所派生的“毒树之果”是否排除问题。但我国关于非法证据排除的规定并未涉及“毒树之果”问题，仅规定了重复性供述的排除问题，比如，《人民检察院刑事诉讼规则》第68条规定，对采用刑讯逼供方法使犯罪嫌疑人作出供述，之后犯罪嫌疑人受该刑讯逼供行为影响而作出的与该供述相同的重复性供述，应当一并排除，但下列情形除外：一是侦查期间，根据控告、举报或者自己发现等，公安机关确认或者不能排除以非法方法收集证据而更换侦查人员，其他侦查人员再次讯问时告知诉讼权利和认罪认罚的法律规定，犯罪嫌疑人自愿供述的；二是审查逮捕、审查起诉期间，检察人员讯问时告知诉讼权利和认罪认罚的法律规定，犯罪嫌疑人自愿供述的。

---

① 何家弘、刘品新：《证据法学》，法律出版社2022年版，第426页。

（三）完善证据审查机制

无论是证明标准的把握还是证据规则的运用，都建立在对证据的审查上。完善证据审查模式机制对刑事指控体系的构建意义重大。

1. 加强证据资格审查和证明力审查。证据资格或者说证据能力，是证据材料能否作为证据进入诉讼证明体系的关键，一个证据材料如果没有作为证据的资格，即使其证明力再强也不能用。证据资格涉及是否是非法证据的问题，关于排除规则的适用，上文已有论述。实践中，一些重大案件中非法证据常常成为控辩双方在庭上交锋的重点。因此，证据资格的审查在整个证据审查体系中的重要性越来越突出。检察官必须加强对证据资格的审查，对非法证据依法坚决排除。对证据证明力的审查，需要注意，一个证据能证明什么，证明到什么程度，检察官的判断既不能高也不能低。实践中往往存在过高认定某一证据证明犯罪的能力，而又过低认定某辩护证据否定犯罪的证明能力。因此，应当秉持客观公正，坚持全面审查，注重分析证据与事实之间证明被证明关系，注重证据之间的相互印证，客观正确判断证据的证明力。

2. 转变审查方式。以往检察机关审查案件采取的是“坐堂办案”式书面审查方式，亲历性不够。随着刑事诉讼法的修改、以审判为中心的刑事诉讼制度改革的推进，检察机关大力开展证据审查方式改革，由被动书面审查向主动积极审查转变，取得较好效果。构建刑事指控体系，要转变证据审查方式，增强检察人员办案的亲历性，变“静态”审查为“动态”审查。无论指控、追诉还是诉讼监督，对于案件事实和证据的审查都应当呈现出积极主动的状态，不能仅限于单纯的书面阅卷。侦查机关移送的案卷材料是经由其主观判断取舍之后形成的证据材料，往往只是整个案件事实的部分反映。因此，检察机关对案件事实的审查不应囿于侦查机关所移送的有限的案卷材料，否则容易落入“以侦查为中心”的窠臼。特别是对嫌疑人翻供的、客观性证据存疑的、案情重大疑难复杂的、当事人对事实认定有重大争议的、新型犯罪以及专业性较强的、拟不起诉或公安撤回的、存在当事人矛盾激化引发重大办案风险的、对可能判处无期徒刑以上刑罚的案件，检察机关尤其应注意启动亲历性办案机制，不仅认真审查“在卷”证据，同时应当注意发现和审查“在案”证据。在具体办案手段上，可以综合运用复勘现场、疑点证据走访核实、调取侦查机关的侦查内卷、接触当事人和证人、听取律师意见等方法审查证据取得手段、程序及内容的合法性，对前后矛盾的证据进行梳理、复核、固定，及时发现未在案的相关证据，排除非法证据，做到全案证据审查不偏不倚。此外，亲历性审查还要求完善自行补充侦查制度。以往办案，补充侦查主要是退回公安机关补充侦查，自行补充侦查极少。为确保起诉案件质量，检察机关近年来加大自行补充侦查力度，2021年全国检察机关开展自行补充侦查17.23万件次，同比上升2.6倍，是2019年的84倍。其中，普通犯罪自行补充侦查同比上升2.6倍；重大犯罪同比上升1.5倍；职务犯罪同比上升1.7倍；经济犯罪同比上升4.5倍。自行补充侦查具有纠正和弥补前期侦查不足的重要功能，是构建以证据为中心的刑事指控体系的必然要求。

3. 构建客观性证据审查与主观性证据审查并重的证据审查模式。言词证据特别是犯罪嫌疑人供述能够完整直接指向待证事实，证明的便利性高，这是以往口供中心主义盛行的原因。为克服口供中心主义的弊端，客观性证据的重要性日益凸显。客观性证据稳定性和真实性更强，在确保案件基础稳固方面有着明显优势。在命案等重大案件中，构建以客观性证据为重心的证据审查模式为实践所倚重。笔者认为，言词证据和客观性证据各有特点，二者不可偏废。摒弃口供中心主义并不意味着口供不重要，口供作为证据本身在证据体系中的地位和作用仍然重要，只是应当更加注重客观性证据对案件基础事实认定中的作用。构建以证据为中心的刑事指控体系，言词证据审查和客观性证据审查同样重要，要由以往以被告人有罪供述为中心的审查证明模式向客观性证据与言词证据并重的审查模式转变，更加重视发挥实物证据和鉴定意见等专门技术性证据在认定案件事实中的客观性作用，注重运用客观性证据搭建定罪基础事实，加强对客观性证据收集固定完善的引导取证力度。同时，运用客观性证据校验言词证据的真实性，补强言词证据的证明力。对命案等重大案件，不仅重视犯罪事实本身的审查，而且重视对发破案过程的审查，重视客观性证据与其他证据的印证。

（四）构建多层次指控事实体系

无论是审前程序中介入引导侦查取证、对强制措施的监督，还是审查起诉阶段证明标准的把握、证据规则的运用和证据审查模式的完善，更多是刑事指控体系的程序路径。除程序路径外，刑事指控体系的构建还包括实体层面内容的构建。指控实体内容方面，根据指控事实的不同类型，可以分为，定罪指控、量刑指控和涉案财产追缴指控。前两者是“对人之诉”，后者是“对物之诉”。

1. 定罪指控。定罪指控，顾名思义，是指根据在案证据指控被告人构成犯罪以及构成何种犯罪。包含两层指控内容：一是被告人实施了犯罪行为；二是结合证据证明其行为构成何种犯罪，应当追究刑事责任。定罪指控是刑事指控体系的基础，也是求刑权的核心。没有定罪指控，量刑指控以及涉案财产追缴指控无从存在。[①] 定罪指控事实

① 在违法所得没收程序和缺席审判程序中，单独的涉案财物指控之诉是例外。

重点在于犯罪构成要件事实，包括主观要件事实和客观要件事实。当然，对可能出罪的事实，也是构建刑事指控体系时需要关注的，并证明是否存在。定罪事实需要在审查证据的基础上，运用证据规则，根据证明标准来认定。

2. 量刑指控。量刑指控的本质是求刑权，是刑事指控的重要内容。以往追诉活动中，检察指控犯罪更多的是定罪指控，而随着司法改革的深入推进，刑事追诉逐渐从传统仅关注定罪向定罪与求刑并重转变，并得到立法的确认。最典型的就是认罪认罚从宽制度中检察机关的量刑建议。认罪认罚从宽制度适用的重要一环就是犯罪嫌疑人对指控的事实没有异议，同意检察机关量刑建议，并签署具结书。根据刑事诉讼法的规定，认罪认罚案件，检察机关必须提出量刑建议。司法解释和规范性文件进一步规定，认罪认罚案件，检察机关一般应当提出确定刑量刑建议，特殊情况下才可以提出幅度刑量刑建议。刑事诉讼法第 201 条关于“一般应当采纳”的规定，更是赋予检察机关量刑建议的刚性。而随着认罪认罚从宽制度适用成为刑事诉讼的新常态，[①] 量刑指控成为检察机关办理绝大部分刑事案件不可缺少的部分。量刑事实包括反映被告人行为危害性及人身危险性的从重、从轻、减轻以及免除处罚的事实，具体包括：一是罪前事实，主要包括成长经历、品格证据、家庭环境等；二是罪中事实，主要是犯罪构成要件的事实，包括犯罪手段、情节、后果等反映犯罪社会危害方面的事实；三是罪后事实，顾名思义，是指犯罪后出现的情节，最典型的就是认罪认罚，还有自首、立功、赔偿损失、赔礼道歉等。根据法律规定，对量刑产生实质影响的主要是罪中事实和罪后事实。在构建量刑指控事实时，

① 认罪认罚从宽制度适用已稳定达到 85% 以上。

应当注重量刑证据的审查：一是影响量刑的基本事实和各量刑情节均应有相应的证据证明。二是审查起诉案件，检察机关应当审查犯罪嫌疑人有罪和无罪、罪重和罪轻、从宽和从严的证据是否全部移送，未全部移送的，应当通知侦查机关在指定时间内移送。三是对于自首情节，应当重点审查投案的主动性、供述的真实性等情况。对立功情节，应当重点审查揭发罪行的轻重、提供的线索对侦破案件或者协助抓捕其他犯罪嫌疑人所起的作用、被检举揭发的人可能被判处的刑罚等情况；对犯罪嫌疑人提出检举、揭发犯罪立功线索的，应当审查犯罪嫌疑人掌握线索的来源、有无移送侦查机关、侦查机关是否开展调查核实等。对于累犯、惯犯以及前科、劣迹等情节，应当调取相关的判决、裁定、释放证明等材料，并重点审查前后行为的性质、间隔长短、次数、罪行轻重等情况。四是对认罪认罚情节，重点审查犯罪嫌疑人是否在明知的情况下认罪认罚。

3. 涉案财产追缴指控。随着涉财产犯罪的不断增多，对涉案财产的追缴也越来越受到重视，逐渐成为刑事指控的重要内容。对涉案财产的追缴，我国并未将其作为独立的“对物之诉”，而是附属于定罪量刑的指控活动。对侦查机关查扣冻涉案财产行为，审前缺乏司法监督，难以及时纠正查扣冻中的不规范行为；庭审中没有专门的法庭调查程序，审判后涉案财产的处理随着定罪量刑被笼统写进判决中，无法切实保障被害方权益。鉴于此，有学者认为应当在刑事诉讼中设置单独的涉案财产处置程序，将“对物之诉”独立出来。笔者认为，“对物之诉”符合现代刑事司法发展的趋势，但在我国将其独立出来，尚需实践探索和积累，需要可行性论证。但这并不影响刑事指控体系将涉案财产追缴作为重要指控内容去构建。

（五）不起诉裁量权的完善

联合国《关于检察官作用的准则》对起诉裁量权有明确规定，第18条指出："根据国家法律，检察官在充分尊重嫌疑人或者受害者的人权的基础上适当考虑不起诉，有条件或无条件地终止诉讼程序，或使某些刑事案件从正规的司法系统转由其他办法办理。为此目的，各国应充分探讨转用非刑事办法的可能性，目的不仅是减轻过重的法院负担，而且犯罪嫌疑人也可避免监禁可能带来的不利后果。"我国刑事诉讼法第175条第4款和第177条第2款关于存疑不起诉和相对不起诉的规定，体现了起诉便宜主义的基本精神。当前，随着捕诉一体改革、以审判为中心的诉讼制度改革、认罪认罚从宽制度等改革的深化，刑事检察的主导责任和审前过滤功能进一步强化，起诉裁量权的行使则是履行主导责任和发挥审前过滤功能的重要方式。我国的起诉裁量制度虽然已初具雏形，但无论在立法上还是在实践中仍然存在一些突出问题，比如作为起诉裁量之重要组成的撤回起诉制度仍无立法依据；又如不起诉制度运行存在问题，附条件不起诉适用范围过窄等。应在秉承国家追诉、起诉法定的前提下，适应新形势需要，吸纳起诉便宜的有益精神，对起诉裁量制度作出进一步完善。一是落实认罪认罚从宽制度，完善各类不起诉的具体标准，依法充分适用相对不起诉，探索扩大附条件不起诉范围。完善起诉必要性审查机制，细化起诉必要性的具体标准，对无起诉必要性的案件，依法作出不起诉决定。二是探索赋予检察机关不起诉后的处罚权包括社区服务、罚没权。不起诉案件能否没收违法所得与认罪认罚从宽的实体处理紧密联系，赋予检察机关对不起诉案件违法所得的没收权，有其内在的合理性：其一，不让犯罪分子从犯罪行为中得到利益，是一个重要的正义和法律原则。其二，目前不起诉案件中建议主管机关没收违法所得难以有效执行。

刑事诉讼法第 177 条第 3 款规定的“有关主管机关”过于原则，执行的刚性不足。其三，在国外的认罪协商机制中，通常被告人在与检察官达成的认罪协商协议中，会将放弃违法所得予以列明。其四，对不起诉案件由检察官直接没收违法所得更为可行。我国检察机关与法院同为司法机关，并且是专门的法律监督机关，依法对刑事诉讼活动进行监督，对不起诉案件直接没收违法所得具有正当性、合理性。当然，应当严格限定没收违法所得的审批程序；另一方面应完善救济方式，赋予犯罪嫌疑人不服检察机关没收违法所得决定的救济权利。三是完善不起诉公开听证、公开宣告制度。不起诉实体属性强，是终结诉讼的一种方式，对拟作不起诉处理的案件进行听证，有利于提升司法公信和强化监督制约。根据案件具体情况，可以进行繁简分流，组织简易听证、集中听证。四是完善撤回起诉制度。公诉作为一种追诉权，具有主动性的特征，它不但主动纠举犯罪，提起控诉启动审判程序；而且在发现指控有错漏的情况下，可以主动予以补正。[①] 撤回起诉是诉讼的一种过滤机制和救济措施，也是衡量公诉案件质量的一个重要指标，对保障人权和提高诉讼效率具有重要意义。当前撤回起诉制度适用中存在相关规定缺失、权力滥用、程序启动不规范等突出问题，影响了制度功用的发挥。有必要从立法和司法两个层面对撤回起诉制度予以完善，推动在立法上确立撤回起诉制度。

四、刑事指控体系之出庭指控

出庭公诉、指控犯罪是刑事指控的集中体现，也是实现以证据为中心的刑事指控体系目标任务的关键所在。庭审中，检察机关承担着

① 参见谢佑平、万毅：《刑事公诉变更制度论纲》，载《国家检察官学院学报》2002 年第 1 期。

指控证明犯罪的责任，需要通过举证、质证、辩论等工作，说服法庭采纳检察机关指控意见。

（一）证明责任的承担

刑事案件中，举证责任由控方承担已成为现代刑事诉讼的一项基本准则。我国刑事诉讼法第51条规定“公诉案件中被告人有罪的举证责任由人民检察院承担”。公诉案件证明责任的承担对于构建以证据为中心的刑事指控体系具有重要意义。首先，控方承担举证有罪证明责任有正反两层含义，正向上，控方应当提出确实充分的证据证明自己的指控意见；反向上，若控方不能证明自己的指控意见时，那么其指控意见就要被否定，也即由控方承担指控不力的后果。其次，在证明责任范畴上，除有罪证明责任由控方承担外，控方还有提出量刑建议的职责，对量刑情节也要提出证据证明，只是对量刑的证明和对有罪的证明标准不相同而已。最后，庭审中，举证责任的承担，不仅需要举证即提出证据，还要通过质证等运用证据来证明自己的指控主张，需要接受审判的检验、辩方的挑战。因此，承担好指控证明犯罪的主体责任是构建刑事指控体系的关键所在。

（二）做好庭前准备

充分的庭前准备是做好出庭公诉的前提条件。公诉人应当加强庭前对案件的全面审查，做好庭前预测和应对预案。一是全面掌握案件相关知识。不仅要精研法律，还要熟悉案件涉及的相关背景知识。比如，证明金融证券犯罪，就要熟悉金融证券相关知识；证明侵犯知识产权犯罪，就要熟悉著作权、专利权等。二是庭前要全面梳理、编织与公诉指控相匹配的证据体系。正面证成的，反面证伪的，均要想到。尤其要防止对有罪证据的偏爱，对无罪、罪轻证据漠然置之。三是注重庭前的程序净化工作。程序之伤是硬伤，极易成为辩方质疑的重点，检察官出庭前应当重点审查、做好预案。

（三）构建认罪与不认罪相区别的出庭指控模式

有学者指出，刑事指控体系的建构应适应案件类型化的要求，在指控事实架构等方面突出各自的重点和需求，在程序上采用不同的制度安排，以实现精准、全面与高效的刑事指控目标。[①] 笔者同意这一观点。以审判为中心所要求的庭审实质化，并非也不可能是所有刑事案件均经历实质化的庭审，真正严格按照法庭的审判程序进行的案件可能也就不到20%，而80%甚至更多的案件都要进行程度不一的分流和程序简化，而且即使是那20%需要实质化庭审的疑难复杂案件，如果被告人认罪认罚，庭审程序也可以相应简化。随着认罪认罚从宽制度的适用，我国刑事诉讼程序形成普通程序—简易程序—速裁程序多层次的诉讼程序体系。其中速裁程序和简易程序的庭审都有相应简化甚至省略，特别是速裁程序，一般不进行法庭调查和法庭辩论，仅保留简略宣读起诉书和被告人最后陈述意见，也就是略去了举证质证辩论环节。因此，应当根据“认罪与不认罪”构建相区别的出庭指控模式。

对被告人不认罪案件，强化当庭讯问、举证、质证和辩论，确保当庭指控犯罪全面、准确、有力。一是强化当庭讯问。讯问被告人应把握主动，讲究章法，合理选择运用解释性讯问、追问等方式，做到层次分明、重点突出、有的放矢。对被告人的合理辩解应当认真对待，对被告人当庭不实供述予以揭露，对庭前的有罪供述予以固定。二是强化当庭示证。根据被告人不认罪情况，围绕犯罪构成要件和争议焦点，合理安排和调整示证顺序，做到详略得当、要点突出。三是强化当庭质证。紧紧围绕案件事实和证据的客观性、关联性、合法性，围

① 参见闵春雷、王从光：《以事实为面向：中国刑事指控体系建构的新思路》，载《吉林大学社会科学学报》2022年第3期。

绕控辩双方争议焦点，从不同角度区别质证，并根据庭审变化动向，掌握质证的主动性。四是强化庭审辩论。围绕控辩双方在事实、证据、法律适用和量刑等方面的分歧焦点，运用事实证据、法律规定和刑事政策，客观公正地发表公诉意见。辩论时，要把控辩论方向，围绕辩护意见有针对性地答辩，但对起诉书、公诉意见中已详细阐明过的观点，与案件无关的细枝末节，控辩双方没有原则分歧的一般问题，无需正面答辩。

对被告人认罪案件，举证、质证、辩论等诸环节均应当简化，对控辩双方没有争议的证据，简单出示，对辩方证据，认为没有必要质证的，则不质证。在法庭辩论阶段，对定罪问题无须过多阐述，应当主要围绕有争议的问题进行法庭辩论。

（四）构建新型诉辩关系

认罪认罚从宽制度的常态化适用，对我国刑事诉讼模式带来深刻变革。就辩护模式而言，辩护从以往“对抗”的单一思维转变为“对抗或者合作”的双重思维，更多情况下，“合作”成为主流。辩护的重心也从庭审阶段前移到审前，审查起诉阶段成为律师履职的重心，律师根据自己的专业知识，通过阅卷、审查核实证据、跟被追诉人沟通，特别是与检察机关就量刑问题进行充分协商，帮助嫌疑人选择是否认罪认罚，争取对其最有利的处理结果。随着辩护模式的转变，诉辩关系也在向着更加良性互动的方向发展。检察机关构建以证据为中心的刑事指控体系，加强与律师的良性互动，形成推动法治现代化的合力非常重要。一是以更开放的胸怀保障律师依法执业。依法保障律师会见、阅卷权，审查逮捕、审查起诉环节注重听取律师的意见。特别是在认罪认罚案件中，检察机关应当充分听取律师对犯罪事实、涉嫌罪名、量刑建议的意见。就量刑建议听取意见时，应当充分说明量刑建议的理由和依据，辩护律师或者值班律师对量刑建议提出不同意见，或者提交影响量刑的证据材料，检察机关应当认真审查，经审查认为意见合理的，应当采纳，相应调整量刑建议，认为意见不合理的，应当结合法律规定、全案情节、相似案件判决等作出解释、说明。二是大力推动审查起诉阶段律师全覆盖工作。随着刑事司法改革的深入推进，刑事诉讼模式发生转型，认罪认罚从宽制度的全面实施，对审查起诉阶段律师辩护和值班律师法律帮助提出了更高要求。提高辩护律师参与率，充分发挥辩护律师、值班律师在引导犯罪嫌疑人、被告人准确理解认罪认罚的法律后果，就罪名认定、量刑建议、案件处理结果提出准确法律意见等方面的作用，既是实践的迫切之需，也是认罪认罚从宽制度深化发展的内在要求。针对实践中律师辩护率不高、值班律师法律帮助实质化程度不高等问题，2022 年 10 月，“两高两部”联合印发了《关于进一步深化刑事案件律师辩护全覆盖试点工作的意见》，明确在审判阶段律师辩护全覆盖试点的基础上，把律师辩护全覆盖试点扩展到审查起诉阶段，为犯罪嫌疑人、被告人提供更广泛、更有效的刑事辩护和法律帮助。该文件在刑事诉讼规定应当通知辩护的范围外，将通知辩护的案件范围扩大为四类：一是可能判处 3 年以上有期徒刑的；二是本人或者其共同犯罪嫌疑人拒不认罪的；三是案情重大复杂的；四是可能造成重大社会影响的。当然，在经济条件允许、律师资源较为充足的地方，也可以适当扩大通知辩护案件范围。从实践情况看，一年多的试点取得了较好成效，但也同时存在地区发展不平衡、法律帮助实质化程度不高、辩护有效性不足等问题。检察机关应当会同司法行政部门深入开展审查起诉阶段律师辩护全覆盖试点工作，时机成熟时逐步扩大试点案件范围，推动构建中国特色有效辩护制度，更好强化人权司法保障。

结　语

中国式现代化对检察工作提出了新的更高要求。刑事检察作为检察机关法律监督工作的重要组成部分，应当适应以审判为中心的诉讼制度改革和“高质效办好每一个案件”的目标要求，积极构建以证据为中心的刑事指控体系，在吸收现代刑事司法文明成果的同时，立足国情和司法实际，围绕证明体系构建、证据规则运用、证据审查完善、指控证明责任承担等多层次多角度，构建与之相匹配的理念、制度机制。同时，加快提高素质人才培养步伐，打造一支与现代化刑事指控体系相适应的刑事检察队伍，通过高质效的履职，实现刑事指控体系的最高目标。

Anli Zhidao

案例指导

最高人民检察院第五十二批指导性案例*

朱某涉嫌盗窃不批捕复议复核案

（检例第209号）

【关键词】

盗窃罪　多次盗窃　情节显著轻微　不批捕复议复核

【要旨】

行为人虽然“多次盗窃”，但根据行为的客观危害、情节与行为人的主观恶性等综合考量，不具有严重社会危害性，不应受刑罚处罚的，属于情节显著轻微危害不大，不认为是犯罪，人民检察院应当依法作出不批捕决定。对复议复核案件，人民检察院应当开展实质审查，对复议案件，还应当另行指派检察官办理。

【基本案情】

犯罪嫌疑人朱某，女，1968年3月出生，无业。

2021年7月4日至6日，朱某在云南省昆明市五华区某单位附近散步时，先后三次将谢某在单位门口种植的十六盆多肉植物拿回家中。7月7日14时许，谢某发现其种植的多肉植物被盗后报警。当日19

* 2024年4月23日最高人民检察院印发。

时40分许，朱某到案发地散步准备再次盗窃多肉植物时，被保安发现并要求登记身份信息，其提供虚假信息后离开现场。7月15日，民警通过视频监控锁定朱某并前往其住处附近寻找，邻居将该情况告知朱某后，朱某下楼向民警如实交代自己盗窃多肉植物的事实，并将所盗物品交还谢某。经鉴定，朱某盗窃的多肉植物共计价值98元。

【检察机关履职过程】

（一）审查逮捕

2021年7月15日，昆明市公安局五华分局对朱某涉嫌盗窃案立案侦查，次日对其刑事拘留。7月26日，五华分局以朱某涉嫌盗窃罪向昆明市五华区人民检察院提请批准逮捕。

昆明市五华区人民检察院审查认为，朱某在不同时间段内三次盗窃，应当认定为多次盗窃。但其盗窃对象价值微小，只有98元，案发后主动归还被盗财物，挽回被害人经济损失，属于情节显著轻微危害不大，根据刑法第十三条的规定，不认为是犯罪。2021年8月2日，五华区人民检察院作出不批捕决定，并向公安机关送达不批捕理由说明书，当面向公安机关说明理由和依据。

（二）不批捕复议审查

2021年8月5日，昆明市公安局五华分局认为朱某多次盗窃，符合刑法关于盗窃罪的规定，以情节显著轻微危害不大作出不批捕决定错误，且容易模糊违法与犯罪的界限，导致实践中不易执行，向检察机关提出复议。

昆明市五华区人民检察院另行指派检察官办理。检察官调阅案卷、讯问朱某，围绕案件事实、证据、原不批捕理由和复议理由等全面审查。经审查认为，朱某实施三次盗窃行为，符合刑法分则规定的多次盗窃，但刑法总则要求判断罪与非罪时应遵循是否具有严重社会危害性和应受刑罚处罚性。综合考量朱某的客观行为、主观目的、财物价值、追赃挽损等情况，属于情节显著轻微危害不大，不认为是犯罪。

2021 年 8 月 10 日，昆明市五华区人民检察院经检察委员会研究，维持原不批捕决定，并当面向公安机关说明检察机关作出复议决定的理由和依据。

（三）不批捕复核审查

2021 年 8 月 11 日，昆明市公安局五华分局提请昆明市人民检察院复核。公安机关认为，司法解释明确规定“二年内盗窃三次以上”的，应当认定为“多次盗窃”。朱某多次小额盗窃的行为可以评价为情节轻微，但不属于“情节显著轻微危害不大”。将“多次盗窃”的犯罪行为降格为行政违法行为，突破了刑法和行政法的边界，会导致公安机关办理多次盗窃案件时难以准确界定行政违法行为和犯罪行为。

在复核阶段，昆明市人民检察院检察官全面阅卷、核实证据，听取公安机关、下级人民检察院及朱某的意见。经审查认为，刑法规定“多次盗窃”意在惩处惯犯惯偷，朱某的行为系偶尔贪图小利，被盗的多肉植物价值仅为 98 元，且朱某在案发后主动归还被盗的多肉植物，没有造成被害人的经济损失。朱某的行为属于情节显著轻微危害不大，不认为是犯罪，对其行为可予以治安处罚。

昆明市人民检察院决定维持不批捕复议决定，于 2021 年 8 月 25 日向公安机关送达文书并当面释法说理。

（四）处理结果

2021 年 9 月 6 日，昆明市公安局五华分局撤销刑事案件，对朱某作出行政拘留十五日的处罚，因朱某此前已被刑事拘留，刑事拘留日期折抵行政拘留日期。

【指导意义】

（一）审查认定犯罪应当依法准确把握是否具有严重社会危害性的本质特征。准确区分罪与非罪、违法与犯罪的界限，要善于从纷繁复杂的法律事实中准确把握实质法律关系，善于从具体法律条文中深刻领悟法治精神，善于在法理情的有机统一中实现公平正义。理解把握“多次盗窃”的规定，应坚持实质解释，不能简单认为只要“多次盗窃”就一律作为犯罪惩处。一方面应遵循“多次盗窃”与“数额较大、入户盗窃、携带凶器盗窃、扒窃”具有相当的危害性；另一方面要把分则与总则结合起来理解，根据刑法第十三条的规定，进一步审查其行为的社会危害性程度和是否应予刑罚处罚。对“多次盗窃”的，可以结合行为人实施盗窃的动机、目的、时间、地点、手段、对象、数额等情节综合判断是否认定为盗窃罪。如具有以破坏性手段多次盗窃的，以盗窃为业的，曾因盗窃受过刑事处罚或者行政处罚又多次盗窃的，多次盗窃残疾人、孤寡老人财物等情形的，应当以盗窃罪依法追诉。对于虽然多次盗窃，但行为人属于贪图小利、顺手牵羊，盗窃少量财物、价值较小的，应当认定为情节显著轻微危害不大，不认为是犯罪。

（二）办理复议复核案件，应当开展实质审查。对复议案件，人民检察院应当另行指派检察官办理，要注重听取公安机关的意见，审查、复核证据，加强沟通说理，必要时可以组织听证。对于经复议复核维持原不批捕决定的，人民检察院向公安机关送达复议复核决定时应当说明理由。

【相关规定】

《中华人民共和国刑法》第十三条、第二百六十四条

《中华人民共和国刑事诉讼法》（2018 年修正）第九十条、第九十二条

《人民检察院刑事诉讼规则》（2019 年修订）第二百九十条、第二百九十一条

《最高人民法院、最高人民检察院关于办理盗窃刑事案件适用法律若干问题的解释》（法释〔2013〕8 号，2013 年 4 月 4 日起施行）第三条第一款

办案检察院：云南省昆明市人民检察院
云南省昆明市五华区人民检察院
承办检察官：吴云峰　段金艳　任君萍
案例撰写人：那文婷　殷露阳　吴云峰　段金艳

杨某涉嫌虚假诉讼不批捕复议案

（检例第 210 号）

【关键词】

虚假诉讼　篡改证据　综合履职　不批捕复议

【要旨】

认定虚假诉讼罪，应当把握行为人是否实施了捏造民事法律关系、虚构民事纠纷的行为。行为人虽然篡改部分证据，但当事人之间存在真实的民事法律关系、民事纠纷的，不认为是犯罪。人民检察院办理不批捕复议案件，应当加强与公安机关沟通，促进对复议决定的

理解认同。对行为人的行为虽不构成犯罪，但妨害了司法秩序或者侵害了他人合法权益的，人民检察院应当提出检察建议，使行为人承担相应法律责任。

【基本案情】

犯罪嫌疑人杨某，男，1966年4月出生，四川资阳某生态旅游开发有限公司法定代表人、董事长。

2018年3月8日，杨某为扩大公司经营项目，引种柑橘树，经中间人介绍，与贺某等四名农户就购买6.3万株柑橘苗事宜协商一致。后由公司员工钟某以个人名义与上述农户分别签订协议。协议约定柑橘苗的定购数量、价格、质量和交付时间、方式及违约责任，但对交付标准、解除协议的条件及后果未约定。其中，对违约责任约定“如有违约，违约方应向守约方支付违约金（按照每株柑橘苗5元钱的标准计算）”。3月9日，杨某安排钟某通过公司账户使用公司资金，按照每株1元钱的标准向上述农户支付预付款6.3万元。后因中间人死亡，其原承诺的由农户负责办理检验检疫手续迟迟未果，直至2018年6月30日履约期满，该协议仍未实际履行，柑橘苗未移挖。

因柑橘苗市场价格持续下降，且公司资金短缺，2020年初，杨某向贺某等提出退还预付款6.3万元。在多次协商未果后，杨某将原协议甲方由“钟某”改为“四川资阳某生态旅游开发有限公司”，增加“植物检疫证书”为交付标准，伪造“如不能出具植物检疫证书，有权解除协议”以及“已收取的定金、柑橘苗款、其他任何款项应全额返还”等内容，于2020年9月23日向四川省简阳市人民法院起诉，请求判令“解除原协议”“返还购苗款6.3万元及资金占有利息”“支付违约金2.52万元”。法院两次组织开庭审理。庭审中，杨某未实际主张违约金问题。后因贺某等农户向法庭提交了原始协议，致使杨某篡改协议的行为被发现。法院认为，杨某提供的协议与原始协议在合同主体、合同内容方面存在差异，可能涉嫌虚假诉讼犯罪，于 2020 年 11 月 8 日将线索移送简阳市公安局。

【检察机关履职过程】

（一）审查逮捕

简阳市公安局于 2020 年 11 月 11 日立案侦查，于 2021 年 3 月 22 日对杨某刑事拘留，于 4 月 2 日以杨某涉嫌虚假诉讼罪向简阳市人民检察院提请批准逮捕。

简阳市人民检察院审查认为，杨某作为公司法定代表人代表公司与农户协商并支付预付款，柑橘苗的购买方名为钟某实为公司，贺某等农户对此是明知和认可的。因此，公司与农户之间存在真实的民事法律关系；杨某与农户协商退还预付款而未果，是属于发生在公司与农户之间的民事纠纷，农户对此也是明知和认可的；杨某虽然客观上实施了伪造协议履约人等行为，但主观上是为能够有权起诉，并非无中生有捏造虚假诉讼侵害他人合法权益。因此，杨某的行为不符合刑法第三百零七条之一“以捏造的事实提起民事诉讼”的规定，不构成虚假诉讼罪。

2021 年 4 月 9 日，简阳市人民检察院依法对杨某作出不批捕决定，并向公安机关送达了不批捕理由说明书，阐释了不批捕的理由。同日，杨某被释放。

（二）不批捕复议审查

2021 年 4 月 14 日，简阳市公安局认为杨某篡改民事合同主体，导致民事法律关系主体发生变化，并致使法院两次开庭审理，妨害正常司法秩序，已涉嫌构成虚假诉讼罪，检察机关作出不批捕决定有错误，向简阳市人民检察院提出复议。

简阳市人民检察院另行指派检察官办理。检察官调阅原案卷宗、讯问犯罪嫌疑人、询问关键证人，对证据进行了全面审查核实。经审查认为，根据刑法第三百零七条之一和《最高人民法院、最高人民检察院关于办理虚假诉讼刑事案件适用法律若干问题的解释》的规定，虚假诉讼罪的客观表现为采取伪造证据、虚假陈述等手段捏造民事法律关系，虚构民事纠纷，向人民法院提起诉讼的行为。根据查明的有关权利义务归属、资金支付主体等事实，可以认定原始协议中的甲方（即钟某）实际上并非民事法律关系主体，杨某篡改履约人，只是使原始协议形式上发生变化，并没有导致实际的民事法律关系主体发生变化。协议双方未实际履约、期满近两年后协商退还预付款但未果等事实，可以认定民事纠纷真实发生，并非虚构。杨某篡改协议，目的是能够通过提起诉讼解决纠纷，其“返还购苗款6.3万元”的主张，实为争议内容。因此，杨某的行为不符合虚假诉讼罪的规定。

2021年4月21日，简阳市人民检察院经检察委员会研究维持原不批捕决定。简阳市人民检察院在办理复议案件过程中，与公安机关座谈，主动加强沟通。公安机关对复议决定表示认可，未再提请复核。5月11日，公安机关依法撤销杨某涉嫌虚假诉讼案。

（三）综合履职

对办案中发现的杨某故意篡改证据的违法行为，简阳市人民检察院跟进监督，向简阳市人民法院提出依法给予杨某司法处罚的检察建议。2021年5月25日，法院对杨某作出罚款2万元的司法处罚决定。杨某接受处罚，按期缴纳了罚款。

【指导意义】

（一）办理虚假诉讼刑事案件应当审查行为人是否属于“以捏造的事实提起民事诉讼”。虚假诉讼罪的本质特征在于，行为人与他人之间不存在民事法律关系和民事纠纷，无中生有捏造民事法律关系和民事纠纷并提起民事诉讼。判断是否属于“无中生有”捏造民事法律关系和民事纠纷，应当坚持实质判断。如果行为人与他人之间实际上存在民事法律关系和民事纠纷，为了达到胜诉目的，篡改了部分证据，并没有从实质上改变原民事法律关系和民事纠纷的，不认定为虚假诉讼罪。如果构成其他违法犯罪的，按照有关规定追究法律责任。

（二）办理复议案件应当注重沟通，促进公安机关对复议决定的理解认同。人民检察院办理审查逮捕案件，经审查认为不构成犯罪的，应当依法作出不构成犯罪的不批捕决定。办理公安机关要求复议案件时，要注重听取公安机关的意见，充分阐明案件事实、不批捕及复议决定的理由和法律依据，促进形成共识。

（三）应当强化综合履职，提升检察监督质效。虚假诉讼行为侵害其他民事主体的合法权益，妨害司法公信、司法秩序。人民检察院在办案中应当强化综合履职，对虽然不构成犯罪，但破坏正常民事诉讼秩序，需要给予司法处罚的，应当依法及时将线索移送人民法院，并提出检察建议。

【相关规定】

《中华人民共和国刑法》第三百零七条之一第一款

《中华人民共和国刑事诉讼法》（2018 年修正）第九十二条

《人民检察院刑事诉讼规则》（2019 年修订）第二百九十条

《最高人民法院、最高人民检察院关于办理虚假诉讼刑事案件适用

法律若干问题的解释》（法释〔2018〕17号，2018年10月1日起施行）第一条、第二条

《最高人民法院、最高人民检察院、公安部、司法部关于进一步加强虚假诉讼犯罪惩治工作的意见》（法发〔2021〕10号，2021年3月10日起施行）第二条、第三条、第四条、第二十三条

办案检察院：四川省简阳市人民检察院
承办检察官：秦　敏　全青飞
案例撰写人：钱小军　罗　娜
周明伟　蒋琴琴

王某掩饰、隐瞒犯罪所得不批捕复议复核案

（检例第211号）

【关键词】

掩饰、隐瞒犯罪所得　明知　追诉标准　情节严重　不批捕复议复核

【要旨】

对掩饰、隐瞒犯罪所得、犯罪所得收益罪“明知”的认定，应当结合行为人的职业性质、认知能力、赃物形态、收购价格、所获收益等综合判断。人民检察院办理掩饰、隐瞒犯罪所得案件，应当根据案件具体事实、情节、后果及社会危害程度，结合上游犯罪的性质、上下游犯罪量刑均衡等综合判断，决定是否追诉、是否认定为“情节严

重”。上级人民检察院办理不批捕复核案件，发现下级人民检察院复议决定有错误的，应当依法予以纠正。

【基本案情】

被告人徐某，男，1989 年 1 月出生，建筑工地水电工。

被告人王某，男，1988 年 9 月出生，废品收购站个体经营者。

2021 年 4 月至 5 月，在安徽省明光市某产业园工地从事水电工作的徐某，先后 24 次盗窃工地内脚手架扣件，分 29 次卖给经营废品收购站的王某。王某明知脚手架扣件来路不明，仍低价收购并付给徐某 19700 余元。被害人发现工地扣件丢失后报警。

2021 年 5 月 15 日，王某被抓获，徐某接民警电话通知到案。公安机关查扣被盗脚手架扣件 1201 个，已发还被害人。经价格认定，被盗脚手架扣件总价值 32400 元。后徐某退缴赃款。

【检察机关履职过程】

（一）审查逮捕

2021 年 5 月 15 日，安徽省明光市公安局对徐某涉嫌盗窃罪立案侦查，次日对王某涉嫌掩饰、隐瞒犯罪所得罪立案侦查，并对二人刑事拘留。5 月 21 日，以徐某涉嫌盗窃罪，王某涉嫌掩饰、隐瞒犯罪所得罪向明光市人民检察院提请批准逮捕。

明光市人民检察院审查认为，徐某实施盗窃犯罪，数额较大，依法可能判处徒刑以上刑罚，不逮捕可能实施新的犯罪，具有社会危险性；王某的行为不符合《最高人民法院关于审理掩饰、隐瞒犯罪所得、犯罪所得收益刑事案件适用法律若干问题的解释》（以下简称《解释》）第一条第一款规定的四种情形，在第二款“人民法院审理掩饰、隐瞒犯罪所得、犯罪所得收益刑事案件，应综合考虑上游犯罪的性质、掩饰、隐瞒犯罪所得及其收益的情节、后果及社会危害程度等，依法定罪处罚”的规定没有明确、具体的标准的情况下，无法认定王某的行为构成掩饰、隐瞒犯罪所得罪。明光市人民检察院于2021年5月28日决定批准逮捕徐某，以王某不构成犯罪作出不批捕决定并向公安机关送达不批捕理由说明书。王某当日被释放。

（二）不批捕复议审查

2021年5月31日，明光市公安局提出复议，认为王某明知徐某向其出售的脚手架扣件来路不明，仍29次予以收购，符合《解释》第三条第一款第二项“掩饰、隐瞒犯罪所得及其产生的收益十次以上”，属于“情节严重”的规定。根据刑法第三百一十二条的规定，应处三年以上七年以下有期徒刑。检察机关以不符合入罪标准作出不构成犯罪不批捕不当，应当批准逮捕。明光市人民检察院另行指派检察官审查。检察官经审查，并经检察长批准，于6月7日以同样理由决定维持原不批捕决定。

（三）不批捕复核审查

2021年6月8日，明光市公安局向滁州市人民检察院提请复核。滁州市人民检察院指派部门负责人审查。检察官调阅全案卷宗，听取公安机关与明光市人民检察院的意见。经审查认为，王某的行为虽然不符合《解释》第一条第一款规定的四种情形，但应当根据第二款的规定综合考量是否构成犯罪。作为上游盗窃犯罪的徐某，盗窃价值32400元的财物，犯罪事实已查明并被批准逮捕，下游的王某长期从事废品收购，以低价收购，且很多扣件都是整包的，可以认定其明知是犯罪所得，为获取非法利益连续多次低价收购，数额也远超修改前《解释》规定的三千元至一万元以上的数额标准，已涉嫌构成掩饰、隐瞒犯罪所得罪。考虑到王某归案后如实供述犯罪事实、自愿认罪认罚、愿意退赃，在综合评判其社会危险性后，经检察长批准，于6月18日作出无社会危险性不批捕的复核决定，并当面向公安机关说明理由。

（四）处理结果

2021年6月24日，明光市公安局以徐某涉嫌盗窃罪，王某涉嫌掩饰、隐瞒犯罪所得罪移送明光市人民检察院审查起诉。

明光市人民检察院审查认为，王某已涉嫌构成掩饰、隐瞒犯罪所得罪，但不属于“情节严重”的情形。对“情节严重”的认定不能单纯从形式上判断，王某基于掩饰、隐瞒的概括故意，在较短时间内对同一被害单位的同一类被盗物品多次收购，不宜机械地认定为“情节严重”。7月23日，明光市人民检察院以徐某涉嫌盗窃罪，王某涉嫌掩饰、隐瞒犯罪所得罪提起公诉。

2021年8月19日，明光市人民法院以盗窃罪判处徐某有期徒刑一年六个月，并处罚金一万八千元；以掩饰、隐瞒犯罪所得罪判处王某有期徒刑七个月，并处罚金八千元。宣判后，二被告人均未提出上诉，判决已生效。

【指导意义】

（一）办理掩饰、隐瞒犯罪所得案件，应当根据具体情节、后果、社会危害程度，以及上游犯罪的性质、危害后果等全面审查，决定是否追诉。认定“明知”时，应当结合行为人的职业性质、认知能力、赃物形态、收购价格、所获收益等综合判断。认定“情节严重”时，不能简单地以收赃次数作为判断标准，应当结合行为人的故意内容、收赃次数、赃物价值、持续时间、犯罪对象、危害后果，以及上下游犯罪的量刑均衡等综合判断。

（二）上级人民检察院办理复核案件，对不批捕及复议决定有错误的，要依法予以纠正。对公安机关提请复核的案件，人民检察院应当全面审查不批捕决定认定事实、适用法律是否正确，处理是否适当，是否违反法定程序，文书使用是否准确，法条援引有无错漏，释法说理是否充分，复议是否提出新事实、新证据等。对公安机关提请复核理由正确的，应依法予以采纳，纠正下级院的不当决定。

【相关规定】

《中华人民共和国刑法》第三百一十二条第一款

《中华人民共和国刑事诉讼法》（2018年修正）第六十七条第一款，第八十一条第一款、第二款，第九十二条

《人民检察院刑事诉讼规则》（2019年修订）第八十六条、第一百二十八条第一款、第一百三十四条、第二百九十条、第二百九十一条

《最高人民法院关于审理掩饰、隐瞒犯罪所得、犯罪所得收益刑事案件适用法律若干问题的解释》（法释〔2015〕11号，2021年4月7日修正，2021年4月15日起施行）第一条第二款、第三条第一款第二项

办案检察院：安徽省滁州市人民检察院
安徽省明光市人民检察院
承办检察官：杨　松
案例撰写人：杜　薇　刘　斌
王平伟　杨　松

茅某组织卖淫不起诉复议复核案

（检例第 212 号）

【关键词】

组织卖淫　容留卖淫　实质审查　上级复核纠正　不起诉复议复核

【要旨】

涉案场所内既有正规消费项目，又存在卖淫活动时，场所经营者辩称不知场所内有卖淫活动的，应全面审查在案证据，运用逻辑规则、经验法则分析判断其是否具有主观明知。场所经营者明知他人租赁其场所后以招募、雇佣等手段管理或者控制他人卖淫，仍为其提供场所，并管理、约定嫖资分配比例，管理卖淫场所和人员的，应当认定为组织卖淫罪。人民检察院办理不起诉复核案件，经审查认为下级人民检察院作出的不起诉决定确有错误的，应当依法指令下级人民检察院纠正，或者撤销、变更下级人民检察院作出的不起诉决定。

【基本案情】

被告人茅某，男，1967 年 5 月出生，某浴场股东兼实际经营者。

茅某出资经营某浴场，并负责实际经营管理。自 2012 年 12 月开始，茅某明知王某（因犯组织卖淫罪被判刑）等人招募、雇佣卖淫人员卖淫，仍将浴场一楼包厢区租赁给王某等人，与王某等人约定嫖资分配比例，并管理卖淫场所。其间，王某等人负责管理卖淫人员，浴场负责统一收取嫖资，并按照约定比例先提取浴场获利，再将剩余嫖资转付给王某等人。经营期间，该浴场因存在卖淫嫖娼先后二次被公安机关罚款。2013年5月30日，浙江省天台县公安局从该浴场内当场查获卖淫人员6人。经查，该卖淫场所卖淫记录992次，共计非法获利30余万元，其中，茅某分得约10万元。

【检察机关履职过程】

（一）审查逮捕

2013年5月，浙江省天台县公安局对王某等人涉嫌组织卖淫罪立案侦查。其间，多次传唤茅某。茅某辩称浴场经营正规项目，由经理和出纳负责日常管理和包厢区对外租赁，自己对王某等人组织卖淫活动不知情。天台县公安局认为证实茅某犯罪的证据不足，未对其立案侦查。2018年，台州市公安局在专项评查中认为，茅某负责浴场租赁、管理，有犯罪重大嫌疑，要求天台县公安局继续侦查。

2019年1月22日，天台县公安局对茅某作出刑事拘留决定，并网上追逃。8月26日，茅某投案，但仍称自己对浴场内存在卖淫活动不知情。天台县公安局认为，浴场工作人员证明包厢区租赁须经茅某同意，浴场经理证明曾受茅某指使规避涉黄检查，可以认定茅某明知王某等人从事卖淫活动仍为其提供场所，涉嫌容留卖淫罪，于9月17日向天台县人民检察院提请批准逮捕。

天台县人民检察院审查认为，在王某组织卖淫案中，浴场经理（因犯协助组织卖淫罪被判刑）和茅某互相推诿，均称浴场由对方管理，双方存在利害关系，故浴场经理证言证明力弱，且没有客观性证据，证明茅某主观明知的证据不足，于2019年9月20日作出不批捕决定，并提出补充侦查意见，要求公安机关调取合同等客观性证据，进一步查明卖淫活动商谈过程。天台县公安局补充调取出纳的证言，证明茅某负责浴场管理和资金结算。

（二）审查起诉

2020 年 1 月 2 日，天台县公安局以茅某涉嫌容留卖淫罪移送审查起诉。天台县人民检察院两次退回补充侦查后，经检察委员会研究认为，证明茅某明知王某等人在浴场内从事卖淫活动的证据仍不足，于 4 月 27 日作出存疑不起诉决定。

（三）不起诉复议审查

天台县公安局认为，有证据证明茅某负责浴场管理、决定项目入场、提供账户收取资金、指使经理规避涉黄检查，可以认定茅某明知存在卖淫嫖娼活动仍为王某等人提供场所，已涉嫌容留卖淫罪，于 2020 年 4 月 29 日对不起诉决定提出复议。

天台县人民检察院另行指派部门负责人办理。经审阅全部案件材料、核实案件事实与证据、听取天台县公安局意见后认为，证明茅某明知浴场存在卖淫活动的证据未达到确实、充分的程度，经检察长批准，于 2020 年 5 月 29 日决定维持原不起诉决定，并当面向公安机关说明理由。

（四）不起诉复核审查

2020 年 6 月 4 日，天台县公安局向台州市人民检察院提请复核。

台州市人民检察院指派分管副检察长办理，审查了原案卷宗和已判决同案犯的卷宗，核实了案件关键证据，听取了天台县公安局和天台县人民检察院意见。经审查认为，茅某是该浴场的实际经营者，包括卖淫在内的浴场各项事务都由茅某管理、控制，结合浴场经营期间因卖淫嫖娼被行政处罚的事实，即使茅某不认罪，综合全案事实、证据，可以认定茅某明知王某等人在浴场内组织卖淫活动而为其提供场所，同时还负责卖淫资金的管理、结算，卖淫场所和卖淫人员的管理等，已涉嫌组织卖淫罪而非容留卖淫罪。

台州市人民检察院认为，原案在办理中对罪名适用把握不准、对证明标准把握不当，错误作出存疑不起诉决定，于2020年7月3日撤销天台县人民检察院的不起诉决定，并指导天台县人民检察院做好审查起诉和出庭公诉工作。

（五）处理结果

2020年7月3日，天台县人民检察院以涉嫌组织卖淫罪对茅某决定逮捕。茅某被逮捕后，自愿认罪认罚，供述组织卖淫的犯罪事实，并签署认罪认罚具结书。8月12日，天台县人民检察院以茅某涉嫌组织卖淫罪提起公诉。

2020年8月31日，天台县人民法院作出一审判决，采纳检察机关指控的事实、罪名及量刑建议，以茅某犯组织卖淫罪判处有期徒刑五年三个月，并处罚金二十万元。宣判后，茅某未提出上诉，判决已生效。

【指导意义】

（一）办理涉卖淫刑事案件时，对场所经营者辩解不知场所内有卖淫活动的，应当综合全案证据分析判断。当涉案场所内正规项目与卖淫行为并存时，对场所经营者辩称不知场所内有卖淫活动的，人民检察院认定其是否具有主观明知，应当审查在案证据证明方向是否一致、证据间是否相互印证，并结合场所经营者的职务、职权、有无规避检查以及场所是否曾因卖淫嫖娼受过处罚等因素，运用逻辑规则和经验法则分析行为人的辩解是否符合常理，综合全案证据予以判定。

（二）对于场所经营者为卖淫活动提供场所的同时，还对卖淫活动有管理、控制行为的，应当认定为组织卖淫罪。组织卖淫罪与容留卖淫罪的客观方面可能都有容留卖淫行为，但容留卖淫罪的要件限于提供场所，如果场所经营者明知他人租赁其场所并以招募、雇佣等手段管理或者控制他人卖淫，仍为其提供场所，并约定、管理嫖资分配比例、管理卖淫场所、人员和卖淫收入的，应当认定为组织卖淫罪。

（三）上级人民检察院办理不起诉复核案件，应当进行实质审查，认为下级人民检察院不起诉及复议决定错误的，应当依法予以纠正。公安机关对于不批捕不起诉决定提出复议复核，既是公安机关与检察机关相互制约的体现，也是检察机关内部监督、上级对下级开展监督的体现。要充分发挥通过复议复核程序防错纠偏、统一司法标准的作用，确保检察权的正确行使。对于重大、疑难、复杂的复议复核案件，提倡由部门负责人、分管副检察长或检察长办理。办理复核案件，应当调阅案卷，进行实质审查，并注意听取公安机关和下级人民检察院的意见，必要时要复核证据。经审查认为下级人民检察院作出的不起诉决定确有错误的，应当依法指令下级人民检察院纠正，或者撤销、变更下级人民检察院作出的不起诉决定，并指导下级人民检察院做好案件后续办理工作。

【相关规定】

《中华人民共和国刑法》第三百五十八条第一款、第三百五十九条

《中华人民共和国刑事诉讼法》（2018 年修正）第一百七十九条

《人民检察院刑事诉讼规则》（2019 年修订）第三百七十九条第二款、第三百八十条

《最高人民法院、最高人民检察院关于办理组织、强迫、引诱、容留、介绍卖淫刑事案件适用法律若干问题的解释》（法释〔2017〕13 号，2017 年 7 月 25 日施行）第一条、第八条第一款

办案检察院：浙江省台州市人民检察院
浙江省天台县人民检察院
承办检察官：吴曙光　毕　畅
案例撰写人：郦纪城　陈　佳　张国宏
毕　畅　陈俊英

依法准确把握刑事追诉标准 发挥不捕不诉及复议复核制度的价值功能

——最高人民检察院第五十二批指导性案例解读

苗生明　周惠永　纪丙学*

党的二十大报告指出，规范司法权力运行，健全公安机关、检察机关、审判机关、司法行政机关各司其职、互相配合、互相制约的体制机制。我国刑事诉讼法也规定了公检法机关分工负责、互相配合、互相制约的原则。为切实落实刑事诉讼法的原则和要求，准确理解适用法律，依法严格区分罪与非罪、违法与犯罪的界限，维护司法公正，2024 年 4 月 23 日，最高检以不批捕不起诉复议复核及刑事追诉标准为主题发布了第五十二批指导性案例。为准确理解和适用该批指导性案例，现对案例发布背景、意义和主要内容进行解读。

一、发布第五十二批指导性案例的背景和意义

我国刑事诉讼法规定，检察机关认为公安机关提请逮捕、移送审查起诉的案件不符合逮捕、起诉条件和标准的，应当作出不批捕、不起诉决定，公安机关认为不批捕、不起诉决定有错误的，可以提出复议、提请复核。检察机关经过复议复核审查，认为不批捕、不起诉决

*　苗生明，最高人民检察院检察委员会副部级专职委员、二级大检察官；周惠永，最高人民检察院普通犯罪检察厅副厅长、二级高级检察官；纪丙学，最高人民检察院普通犯罪检察厅办公室主任、一级高级检察官助理。

定错误的，应当予以纠正。这是刑事诉讼法基本原则的具体体现。检察机关通过对复议复核案件的审查，也有利于发挥内部监督、层级监督作用，纠正错误的不批捕、不起诉决定。

从实践情况看，公安机关就不批捕、不起诉决定提出复议复核的案件量不多，检察机关复议复核纠正的案件比例也较低。出现上述情况，除了不批捕、不起诉案件质量总体较高外，还有其他原因，如认识不到位，有的检察机关认为公安机关提出复议复核是对不批捕、不起诉的负面评价，有的上级检察机关对复议复核案件能维持就维持。有的对罪名的理解适用把握不准，只关注刑法分则具体犯罪的规定，而忽视刑法总则的指引与约束，特别是忽视犯罪概念中对行为严重社会危害性和应受刑罚惩罚性的综合审查与评价，以至于模糊了罪与非罪、违法与犯罪的界限，降低了犯罪“门槛”。有的办理不批捕不起诉复议复核案件简单形式化审查，该听取意见不听取，该复核证据不复核。有的沟通说理不够，作出不批捕不起诉决定前，以及复议复核案件办理中缺少与公安机关有效沟通。因为存在上述因素，导致不批捕不起诉复议复核制度未能有效发挥其价值功能。

基于此，最高检选编了本批指导性案例。一是引导检察官树立正确的司法理念，正确认识复议复核制度的诉讼机理与核心要义。公安机关对于不批捕、不起诉决定提出复议复核，是公安机关与检察机关相互制约的体现，也是检察机关内部监督、上级对下级开展层级监督的体现。要转变传统理念和认识误区，充分发挥通过复议复核程序防错纠偏、统一司法标准的作用，确保检察权的正确行使。二是坚持严格依法，高质效办理复议复核案件。对复议复核案件要实质审查，必要时要开展调查核实工作。加强与公安机关沟通说理，针对复议复核的理由、依据逐项说理，必要时要当面沟通，促进形成共识和对不批捕不起诉的理解认同。坚持法治原则，严格依法办案，对认为正确的不批捕不起诉决定要依法维持，对认为错误的，要依法予以纠正。三是强调要准确把握犯罪的基本特征，对不具有严重社会危害性和应受刑罚惩罚性的行为，要依法作出不构成犯罪的不批捕、不起诉决定。正确适用不起诉的种类，充分认识法定不起诉的法治意义和人权保障意义。强化适用刑法总则“但书”条款的意识，树立刑法不惩罚没有严重社会危害性行为的理念。

二、第五十二批指导性案例的主要内容

（一）朱某涉嫌盗窃不批捕复议复核案

2021 年 7 月 4 日至 6 日，朱某在云南省昆明市五华区某单位附近散步时，先后三次将谢某在单位门口种植的十六盆多肉植物拿回家中。7 月 7 日 14 时许，谢某发现其种植的多肉植物被盗后报警。当日 19 时 40 分许，朱某到案发地散步准备再次盗窃多肉植物时，被保安发现并要求登记身份信息，其提供虚假信息后离开现场。7 月 15 日，民警通过视频监控锁定朱某并前往其住处附近寻找，邻居将该情况告知朱某后，朱某下楼向民警如实交代自己盗窃多肉植物的事实，并将所盗物品交还谢某。经鉴定，朱某盗窃的多肉植物共计价值 98 元。

公安机关以朱某涉嫌盗窃罪提请批准逮捕。检察机关审查认为，朱某在不同时间段内三次盗窃，应当认定为多次盗窃。但其盗窃对象价值微小，只有 98 元，案发后主动归还被盗财物，挽回被害人经济损失，属于情节显著轻微危害不大，根据刑法第 13 条的规定，不认为是犯罪，对其作出不批捕决定。公安机关认为朱某多次盗窃，已符合刑法关于盗窃罪的规定，以情节显著轻微危害不大作出不批捕决定错误，且容易模糊违法与犯罪的界限，向检察机关提出复议。检察机关另行

指派检察官办理后以同样理由维持原不批捕决定。公安机关不服复议决定，向上级检察机关提请复核。上级检察机关通过全面阅卷、核实证据，听取公安机关、下级检察机关及朱某的意见后认为，刑法规定“多次盗窃”意在惩处惯犯惯偷，朱某的行为系偶尔贪图小利，被盗的多肉植物价值仅为98元，且朱某在案发后主动归还被盗的多肉植物，没有造成被害人的经济损失。朱某的行为属于情节显著轻微危害不大，不认为是犯罪，维持了不批捕复议决定。

我国刑法第264条盗窃罪中规定了“多次盗窃”。司法解释规定，二年内盗窃三次以上的，应当认定为“多次盗窃”。实践中，有的执法司法机关机械适用这一规定，将符合这一规定的行为一概定罪处罚，多次引发社会关注。如重庆博士偷菜相对不起诉案，就引发虽然属于多次盗窃，但价值只有46.5元，应当作相对不起诉还是法定不起诉的争论；还有疫情期间老人到超市盗窃食品、到药店盗窃药品五次，价值五六百元，后被起诉到法院并判刑案等。这一系列案件都暴露出对“多次盗窃”应当如何理解适用的问题。

该案例对如何准确把握“多次盗窃”的刑事追诉标准具有重要指导意义。案例明确提出，在审查认定犯罪时应当依法准确把握行为是否具有严重社会危害性这一本质特征。要准确地区分罪与非罪、违法与犯罪的界限，善于从纷繁复杂的法律事实中准确把握实质法律关系，善于从具体法律条文中深刻领悟法治精神，善于在法理情的有机统一中实现公平正义。1997年刑法修订将“多次盗窃”规定为盗窃罪的基本犯，不以数额作为认定构成犯罪的条件，强调了对多次盗窃体现出的行为人主观恶性的刑法评价。在理解把握“多次盗窃”的规定时，应坚持实质解释，不能简单地认为只要“多次盗窃”就一律作为犯罪惩处。一方面，应当遵循“多次盗窃”与“数额较大、入户盗窃、携带凶器盗窃、扒窃”具有相当的危害性程度；另一方面，要把分则与总则结合起来理解，根据刑法第13条的规定，进一步审查其行为的社会危害性程度和是否应予刑罚处罚。对实施“多次盗窃”的，可以结合行为人实施盗窃的动机、目的、时间、地点、手段、对象、数额等情节综合判断是否认定为盗窃罪。如具有以破坏性手段多次盗窃的，以盗窃为业的，曾因盗窃受过刑事处罚或者行政处罚又多次盗窃的，多次盗窃残疾人、孤寡老人财物等情形的，应当以盗窃罪依法追诉。对于虽然多次盗窃，但行为人属于贪图小利、顺手牵羊，盗窃少量财物、价值较小的，应当认定为情节显著轻微危害不大，不认为是犯罪。

办理复议复核案件应当开展实质审查。对复议案件，人民检察院应当另行指派检察官办理，要注重听取公安机关的意见，审查、复核证据，加强沟通说理，必要时可以组织听证。对于经复议复核维持原不批捕决定的，人民检察院向公安机关送达复议复核决定时应当说明理由，不能“一纸文书”送达了事。检察机关以情节显著轻微危害不大、不认为是犯罪为由作出不批捕决定的，如果行为人的行为属于违法行为，应当依法予以治安处罚的，可以提出建议，由公安机关治安处罚。

（二）杨某涉嫌虚假诉讼不批捕复议案

2018年3月8日，杨某为扩大公司经营项目，引种柑橘树，经中间人介绍，与贺某等四名农户就购买6.3万株柑橘苗事宜协商一致。后由公司员工钟某以个人名义与上述农户分别签订协议。协议约定柑橘苗的定购数量、价格、质量和交付时间、方式及违约责任，但对交付标准、解除协议的条件及后果未约定。其中，对违约责任约定“如有违约，违约方应向守约方支付违约金（按照每株柑橘苗5元钱的标准计算）”。3月9日，杨某安排钟某通过公司账户使用公司资金，按照每株1元钱的标准向上述农户支付预付款6.3万元。后因中间人死亡，其原承诺的由农户负责办理检验检疫手续迟迟未果，直至2018年6月30日履约期满，该协议仍未实际履行，柑橘苗未移挖。因柑橘苗市场价格持续下降，且公司资金短缺，2020年初，杨某向贺某等提出退还预付款6.3万元。在多次协商未果后，杨某将原协议甲方由“钟某”改为“四川资阳某生态旅游开发有限公司”，增加“植物检疫证书”为交付标准，伪造“如不能出具植物检疫证书，有权解除协议”以及“已收取的定金、柑橘苗款、其他任何款项应全额返还”等内容，于2020年9月23日向四川省简阳市人民法院起诉，请求判令“解除原协议”“返还购苗款6.3万元及资金占有利息”“支付违约金2.52万元”。法院两次组织开庭审理。庭审中，杨某未实际主张违约金问题。后因贺某等农户向法庭提交了原始协议，致使杨某篡改协议的行为被发现。法院认为，杨某提供的协议与原始协议在合同主体、合同内容方面存在差异，可能涉嫌虚假诉讼犯罪，将线索移送简阳市公安局。

公安机关以杨某涉嫌虚假诉讼罪立案侦查，并向检察机关提请批准逮捕。检察机关审查认为，公司与农户之间存在真实的民事法律关系和民事纠纷，虽然杨某客观上实施了伪造协议履约人等行为，但主观上是为能够有权起诉，并非无中生有捏造虚假诉讼侵害他人合法权益。因此，杨某的行为不符合刑法第307条之一“以捏造的事实提起民事诉讼”的规定，不构成虚假诉讼罪，依法对杨某作出不批捕决定。公安机关认为杨某篡改民事合同主体，导致民事法律关系主体发生变化，并致使法院两次开庭审理，妨害正常司法秩序，已涉嫌构成虚假诉讼罪，检察机关作出不批捕决定有错误，向检察机关提出复议。检察机关另行指派检察官办理，通过调阅原案卷宗、讯问犯罪嫌疑人、询问关键证人，对证据全面审查核实后，维持原不批捕决定。在办理复议案件过程中，主动与公安机关座谈加强沟通。公安机关对复议决定表示认可，未再提请复核。虽然没有追究杨某的刑事责任，但其行为毕竟妨害了司法，检察机关向法院提出依法给予杨某司法处罚的检察建议。法院给予杨某罚款 2 万元的司法处罚。

我国刑法第 307 条之一规定了虚假诉讼罪。司法解释规定，构成虚假诉讼罪要求行为人实施了捏造民事法律关系、虚构民事纠纷的行为。实践中，一定程度存在当事人篡改证据提起民事诉讼的现象，但是否作为犯罪惩处，还需把握行为人是否属于“捏造民事法律关系、虚构民事纠纷”这一关键问题。

虚假诉讼罪的本质特征在于，行为人与他人之间不存在民事法律关系和民事纠纷，无中生有捏造民事法律关系和民事纠纷并提起民事诉讼。在判断是否属于“无中生有”捏造民事法律关系和民事纠纷时，应当坚持实质判断。如果行为人与他人之间实际上存在民事法律关系和民事纠纷，为了达到胜诉目的，篡改了部分证据，但并没有从实质上改变原民事法律关系和民事纠纷的，不认定为虚假诉讼罪。当然，如果构成其他违法犯罪的，按照有关规定追究法律责任。

人民检察院办理审查逮捕案件，经审查认为不构成犯罪的，应当依法作出不构成犯罪的不批捕决定。办理公安机关要求复议案件时，要注重听取公安机关的意见，充分阐明案件事实、不批捕及复议决定的理由和法律依据，促进形成共识。在办案中还应当强化综合履职，对虽然不构成犯罪，但如果虚假诉讼行为侵害了其他民事主体的合法权益，妨害了司法公信、司法秩序，破坏正常民事诉讼秩序需要给予司法处罚的，应当依法及时将线索移送人民法院，并提出检察建议。

（三）王某掩饰、隐瞒犯罪所得不批捕复议复核案

2021 年 4 月至 5 月，在安徽省明光市某产业园工地从事水电工作

的徐某，先后24次盗窃工地内脚手架扣件，分29次卖给经营废品收购站的王某。王某明知脚手架扣件来路不明，仍低价收购并付给徐某19700余元。被害人发现工地扣件丢失后报警。2021年5月15日，王某被抓获，徐某接民警电话通知到案。公安机关查扣被盗脚手架扣件1201个，已发还被害人。经价格认定，被盗脚手架扣件总价值32400元。后徐某退缴赃款。

公安机关立案侦查后，以徐某涉嫌盗窃罪，王某涉嫌掩饰、隐瞒犯罪所得罪向检察机关提请批准逮捕。检察机关审查认为，徐某实施盗窃犯罪，数额较大，依法可能判处徒刑以上刑罚，不逮捕可能实施新的犯罪，具有社会危险性；但王某的行为不符合最高人民法院《关于审理掩饰、隐瞒犯罪所得、犯罪所得收益刑事案件适用法律若干问题的解释》（以下简称《解释》）第1条第1款规定的四种情形的规定，在第2款“人民法院审理掩饰、隐瞒犯罪所得、犯罪所得收益刑事案件，应综合考虑上游犯罪的性质、掩饰、隐瞒犯罪所得及其收益的情节、后果及社会危害程度等，依法定罪处罚”的规定没有明确、具体的标准的情况下，无法认定王某的行为构成掩饰、隐瞒犯罪所得罪，对徐某作出批准逮捕决定，以王某不构成犯罪作出不批捕决定。公安机关提出复议，认为王某明知徐某向其出售的脚手架扣件来路不明，仍29次予以收购，符合《解释》第3条第1款第2项“掩饰、隐瞒犯罪所得及其产生的收益十次以上”，属于“情节严重”的规定。根据刑法第312条的规定，应处3年以上7年以下有期徒刑。检察机关却以不符合入罪标准作出不构成犯罪不批捕不当，应当批准逮捕。检察机关另行指派检察官审查，审查后以同样理由决定维持原不批捕决定。公安机关提请上级检察机关复核。上级检察机关复核认为，王某的行为虽然不符合《解释》第1条第1款规定的四种情形，但应当根据第

2款的规定综合考量是否构成犯罪。本案中，作为上游盗窃犯罪的徐某，盗窃价值32400元的财物，犯罪事实已查明并被批准逮捕，下游的王某长期从事废品收购，以低价收购，且很多扣件都是整包的，可以认定其明知是犯罪所得，为获取非法利益连续多次低价收购，数额远超修改前《解释》规定的3000元至1万元以上的数额标准，已涉嫌构成掩饰、隐瞒犯罪所得罪。考虑到王某归案后如实供述犯罪事实、自愿认罪认罚、愿意退赃，在综合评判其社会危险性后，作出无社会危险性不批捕的复核决定，并指导下级检察机关提起公诉。检察机关审查认为，王某已涉嫌构成掩饰、隐瞒犯罪所得罪，但不属于“情节严重”的情形。对“情节严重”的认定，不能单纯从形式上判断，王某基于掩饰、隐瞒的概括故意，在较短时间内对同一被害单位的同一类被盗物品多次收购，不宜机械地认定为“情节严重”。检察机关以徐某涉嫌盗窃罪，王某涉嫌掩饰、隐瞒犯罪所得罪提起公诉。法院以盗窃罪判处徐某有期徒刑1年6个月，并处罚金18000元；以掩饰、隐瞒犯罪所得罪判处王某有期徒刑7个月，并处罚金8000元。二被告人均未上诉，判决已生效。

我国刑法第312条规定了掩饰、隐瞒犯罪所得、犯罪所得收益罪。《解释》曾规定了定罪处罚的数额标准，即掩饰、隐瞒犯罪所得及其产生的收益价值3000元至10000元以上。为适应复杂的实践情况，2021年4月7日，《解释》进行了修正，删除了掩饰、隐瞒犯罪所得罪定罪处罚的数额标准的规定，同时增加了第2款。删除定罪处罚的数额标准后，如果行为人不具有《解释》第1款所列的四种情形如何处理，以及如何理解把握第2款的规定，在实践中出现了困惑。

作为下游犯罪，掩饰、隐瞒犯罪所得、犯罪所得收益罪的成立，要求行为人主观上具有明知，即明知是犯罪所得及其产生的收益。对

“明知”的认定，是司法实践的难点和重点，尤其是行为人辩解不明知的案件。案例明确提出，认定“明知”时，应当结合行为人的职业性质、认知能力、赃物形态、收购价格、所获收益等综合判断。本案中，徐某卖给王某的扣件很多都是整包的，而王某长期从事废品收购，以低价购买这些扣件并转卖牟利，可以认定其“明知是犯罪所得”。在《解释》取消了掩饰、隐瞒犯罪所得案件定罪处罚的数额标准后，办案时应当根据具体情节、后果、社会危害程度，以及上游犯罪的性质、危害后果等全面审查，决定是否追诉。在认定“情节严重”时，也不能简单地以收赃次数作为判断标准，应当结合行为人的故意内容、收赃次数、赃物价值、持续时间、犯罪对象、危害后果，以及上下游犯罪的量刑均衡等综合判断。尤其本案中，徐某构成盗窃罪，属于数额较大，依法应判处3年以下有期徒刑，王某收购赃物29次，如果机械地按照“次数”认定王某的掩饰、隐瞒犯罪所得罪的情节，就属于“情节严重”，依法应判处3年以上7年以下有期徒刑，如此就会导致上下游犯罪的罪刑倒挂、罪刑不均衡。

虽然对本案，上级检察机关复核决定仍然是不批准逮捕，但这是基于王某没有社会危险性作出的不批捕，改变了下级检察机关错误的不构成犯罪的不批捕决定。上级人民检察院办理复核案件，对不批捕及复议决定有错误的，要依法予以纠正。对公安机关提请复核的案件，人民检察院应当全面审查不批捕决定认定事实、适用法律是否正确，处理是否适当，是否违反法定程序，文书使用是否准确，法条援引有无错漏，释法说理是否充分，复议是否提出新事实、新证据等。对公安机关提请复核理由正确的，应当依法予以采纳，纠正下级院的不当决定。

（四）茅某组织卖淫不起诉复议复核案

茅某出资经营某浴场，并负责实际经营管理。自2012年12月开始，茅某明知王某（因犯组织卖淫罪被判刑）等人招募、雇用卖淫人员卖淫，仍将浴场一楼包厢区租赁给王某等人，与王某等人约定嫖资分配比例，并管理卖淫场所。其间，王某等人负责管理卖淫人员，浴场负责统一收取嫖资，并按照约定比例先提取浴场获利，再将剩余嫖资转付给王某等人。经营期间，该浴场因存在卖淫嫖娼先后二次被公安机关罚款。2013年5月30日，浙江省天台县公安局从该浴场内当场查获卖淫人员6人。经查，该卖淫场所卖淫记录992次，共计非法获利30余万元，其中，茅某分得约10万元。

公安机关侦查认为茅某涉嫌容留卖淫罪，向检察机关提请批准逮捕。检察机关审查认为，证明茅某主观明知的证据不足，作出不批捕决定，并提出补侦意见。公安机关以茅某涉嫌容留卖淫罪移送审查起诉。检察机关经两次退回补充侦查后认为，证明茅某犯罪的证据仍不足，作出存疑不起诉决定。公安机关提出复议，检察机关以同样理由维持原不起诉决定。公安机关向上级检察机关提请复核。上级检察机关指派分管副检察长办理，审查了原案卷宗和已判决同案犯的卷宗，核实了案件关键证据，听取了公安机关和下级检察机关的意见。经审查认为，综合全案事实、证据，可以认定茅某明知王某等人在浴场内组织卖淫活动而为其提供场所，同时茅某还负责对卖淫资金的管理、结算，对卖淫场所和卖淫人员的管理等，已涉嫌组织卖淫罪而非容留卖淫罪。原案在办理中对罪名适用把握不准、对证明标准把握不当，错误作出存疑不起诉决定，撤销原不起诉决定，并指导做好审查起诉和出庭公诉工作。检察机关以茅某涉嫌组织卖淫罪提起公诉。法院以茅某犯组织卖淫罪判处有期徒刑5年3个月，并处罚金20万元。宣判后，茅某未上诉，判决已生效。

我国刑法第358条、第359条规定了组织卖淫罪、容留卖淫罪。实践中，对场所经营者辩称不知道场所内有卖淫嫖娼行为时，如何综合全案证据予以认定，以及场所经营者除提供场所外，还有其他行为时，如何适用组织卖淫罪、容留卖淫罪的规定还存在一定的疑问。

本案例对证明标准的把握、罪名适用，以及上级复核纠正具有重要指导意义。当涉案场所内正规项目与卖淫行为并存时，对场所经营者辩称不知场所内有卖淫活动的，人民检察院认定其是否具有主观明知时，应当审查在案证据证明方向是否一致、证据间是否相互印证，并结合场所经营者的职务、职权、有无规避检查以及场所是否曾因卖淫嫖娼受过处罚等因素，运用逻辑规则和经验法则分析行为人的辩解是否符合常理，综合全案证据予以判定。本案中，茅某作为浴场的实际经营者，包括卖淫在内的浴场各项事务都由其管理、控制，结合浴场经营期间因卖淫嫖娼被行政处罚的事实，即使茅某不认罪，综合全案事实、证据，可以认定茅某明知王某等人在浴场内组织卖淫活动而为其提供场所。在组织卖淫罪、容留卖淫罪的适用中，需要注意，组织卖淫罪与容留卖淫罪的客观方面可能都有容留卖淫的行为，但容留卖淫罪的要件限于提供场所，如果场所经营者明知他人租赁其场所并以招募、雇佣等手段管理或者控制他人卖淫，仍为其提供场所，并约定、管理嫖资分配比例、管理卖淫场所、人员和卖淫收入的，应当认定为组织卖淫罪。本案中，茅某除提供租赁场所，还负责卖淫资金管理、结算，卖淫场所和卖淫人员的管理等，已涉嫌组织卖淫罪而非容留卖淫罪。本案中，上级检察机关通过复核依法纠正了下级检察机关错误的不起诉决定，充分发挥了复议复核的程序价值和功能。

不批捕不起诉复议复核及刑事追诉标准指导性案例充分体现了最

高检党组“高质效办好每一个案件”的要求，是各级检察机关办好复议复核案件、准确把握有关案件刑事追诉标准的重要参考。下一步，一是检察机关将组织学习指导性案例，深入落实刑事诉讼法的规定和要求，充分发挥不批捕不起诉复议复核制度的作用。二是加强指导，有针对性地对不批捕不起诉复议复核案件进行专题分析，研究提出指导意见。尤其对适用不起诉种类不当的，建立案件质量通报制度。三是加强规范化建设，研究制定审查逮捕、审查起诉质量标准，对实践中社会反映强烈的非法捕捞水产品罪、非法狩猎罪等研究刑事处罚标准问题，科学划定“犯罪圈”。四是加强与公安机关沟通，用好同堂培训、联席会议、情况通报制度等，完善工作机制、形成工作合力，努力让人民群众在每一个司法案件中感受到公平正义。

Quanwei Jiedu

权威解读

人民检察院　公安机关
羁押必要性审查、评估工作规定

（高检发〔2023〕12号　2023年11月30日印发）

为加强对犯罪嫌疑人、被告人被逮捕后羁押必要性的审查、评估工作，规范羁押强制措施适用，依法保障犯罪嫌疑人、被告人合法权益，保障刑事诉讼活动顺利进行，根据《中华人民共和国刑事诉讼法》《人民检察院刑事诉讼规则》《公安机关办理刑事案件程序规定》等，制定本规定。

第一条　犯罪嫌疑人、被告人被逮捕后，人民检察院应当依法对羁押的必要性进行审查。不需要继续羁押的，应当建议公安机关、人民法院予以释放或者变更强制措施。对于审查起诉阶段的案件，应当及时决定释放或者变更强制措施。

公安机关在移送审查起诉前，发现采取逮捕措施不当或者犯罪嫌疑人及其法定代理人、近亲属或者辩护人、值班律师申请变更羁押强制措施的，应当对羁押的必要性进行评估。不需要继续羁押的，应当及时决定释放或者变更强制措施。

第二条　人民检察院、公安机关开展羁押必要性审查、评估工作，应当分工负责、互相配合、互相制约，以保证准确有效地执行法律。

第三条　人民检察院、公安机关应当依法、及时、规范开展羁押必要性审查、评估工作，全面贯彻宽严相济刑事政策，准确把握羁押措施适用条件，严格保守办案秘密和国家秘密、商业秘密、个人隐私。

羁押必要性审查、评估工作不得影响刑事诉讼依法进行。

第四条 人民检察院依法开展羁押必要性审查，由捕诉部门负责。负责刑事执行、控告申诉、案件管理、检察技术的部门应当予以配合。

公安机关对羁押的必要性进行评估，由办案部门负责，法制部门统一审核。

犯罪嫌疑人、被告人在异地羁押的，羁押地人民检察院、公安机关应当予以配合。

第五条 人民检察院、公安机关应当充分保障犯罪嫌疑人、被告人的诉讼权利，保障被害人合法权益。

公安机关执行逮捕决定时，应当告知被逮捕人有权向办案机关申请变更强制措施，有权向人民检察院申请羁押必要性审查。

第六条 人民检察院在刑事诉讼过程中可以对被逮捕的犯罪嫌疑人、被告人依职权主动进行羁押必要性审查。

人民检察院对审查起诉阶段未经羁押必要性审查、可能判处三年有期徒刑以下刑罚的在押犯罪嫌疑人，在提起公诉前应当依职权开展一次羁押必要性审查。

公安机关根据案件侦查情况，可以对被逮捕的犯罪嫌疑人继续采取羁押强制措施是否适当进行评估。

第七条 人民检察院、公安机关发现犯罪嫌疑人、被告人可能存在下列情形之一的，应当立即开展羁押必要性审查、评估并及时作出审查、评估决定：

（一）因患有严重疾病、生活不能自理等原因不适宜继续羁押的；

（二）怀孕或者正在哺乳自己婴儿的妇女；

（三）系未成年人的唯一抚养人；

（四）系生活不能自理的人的唯一扶养人；

（五）继续羁押犯罪嫌疑人、被告人，羁押期限将超过依法可能判处的刑期的；

（六）案件事实、情节或者法律、司法解释发生变化，可能导致犯罪嫌疑人、被告人被判处拘役、管制、独立适用附加刑、免予刑事处罚或者判决无罪的；

（七）案件证据发生重大变化，可能导致没有证据证明有犯罪事实或者犯罪行为系犯罪嫌疑人、被告人所为的；

（八）存在其他对犯罪嫌疑人、被告人采取羁押强制措施不当情形，应当及时撤销或者变更的。

未成年犯罪嫌疑人、被告人被逮捕后，人民检察院、公安机关应当做好跟踪帮教、感化挽救工作，发现对未成年在押人员不予羁押不致发生社会危险性的，应当及时启动羁押必要性审查、评估工作，依法作出释放或者变更决定。

第八条 犯罪嫌疑人、被告人及其法定代理人、近亲属或者辩护人、值班律师可以向人民检察院申请开展羁押必要性审查。申请人提出申请时，应当说明不需要继续羁押的理由，有相关证据或者其他材料的，应当予以提供。

申请人依据刑事诉讼法第九十七条规定，向人民检察院、公安机关提出变更羁押强制措施申请的，人民检察院、公安机关应当按照本规定对羁押的必要性进行审查、评估。

第九条 经人民检察院、公安机关依法审查、评估后认为有继续羁押的必要，不予释放或者变更的，犯罪嫌疑人、被告人及其法定代理人、近亲属或者辩护人、值班律师未提供新的证明材料或者没有新的理由而再次申请的，人民检察院、公安机关可以不再开展羁押必要性审查、评估工作，并告知申请人。

经依法批准延长侦查羁押期限、重新计算侦查羁押期限、退回补充侦查重新计算审查起诉期限，导致在押人员被羁押期限延长的，变更申请不受前款限制。

第十条 办案机关对应的同级人民检察院负责控告申诉或者案件管理的部门收到羁押必要性审查申请的，应当在当日将相关申请、线索和证据材料移送本院负责捕诉的部门。负责刑事执行检察的部门收到有关材料或者发现不需要继续羁押的，应当及时将有关材料和意见移送负责捕诉的部门。

负责案件办理的公安机关的其他相关部门收到变更申请的，应当在当日移送办案部门。

其他人民检察院、公安机关收到申请的，应当告知申请人向负责案件办理的人民检察院、公安机关提出申请，或者在二日以内将申请材料移送负责案件办理的人民检察院、公安机关，并告知申请人。

第十一条 看守所在工作中发现在押人员不适宜继续羁押的，应当及时提请办案机关依法变更强制措施。

看守所建议人民检察院开展羁押必要性审查的，应当以书面形式提出，并附证明在押人员身体状况的证据材料。

人民检察院收到看守所建议后，应当立即开展羁押必要性审查，依法及时作出审查决定。

第十二条 开展羁押必要性审查、评估工作，应当全面审查、评估犯罪嫌疑人、被告人涉嫌犯罪事实、主观恶性、悔罪表现、案件进展情况、可能判处的刑罚、身体状况、有无社会危险性和继续羁押必要等因素，具体包括以下内容：

（一）犯罪嫌疑人、被告人基本情况，涉嫌罪名、犯罪性质、情节，可能判处的刑罚；

（二）案件所处诉讼阶段，侦查取证进展情况，犯罪事实是否基本查清，证据是否收集固定，犯罪嫌疑人、被告人认罪情况，供述是否稳定；

（三）犯罪嫌疑人、被告人是否有前科劣迹、累犯等从严处理情节；

（四）犯罪嫌疑人、被告人到案方式，是否被通缉到案，或者是否因违反取保候审、监视居住规定而被逮捕；

（五）是否有不在案的共犯，是否存在串供可能；

（六）犯罪嫌疑人、被告人是否有认罪认罚、自首、坦白、立功、积极退赃、获得谅解、与被害方达成和解协议、积极履行赔偿义务或者提供担保等从宽处理情节；

（七）犯罪嫌疑人、被告人身体健康状况；

（八）犯罪嫌疑人、被告人在押期间的表现情况；

（九）犯罪嫌疑人、被告人是否具备采取取保候审、监视居住措施的条件；

（十）对犯罪嫌疑人、被告人的羁押是否符合法律规定，是否即将超过依法可能判处的刑期；

（十一）犯罪嫌疑人、被告人是否存在可能作撤销案件、不起诉处理、被判处拘役、管制、独立适用附加刑、宣告缓刑、免予刑事处罚或者判决无罪的情形；

（十二）与羁押必要性审查、评估有关的其他内容。

犯罪嫌疑人、被告人系未成年人的，应当重点审查其成长经历、犯罪原因以及有无监护或者社会帮教条件。

第十三条 开展羁押必要性审查、评估工作，可以采取以下方式：

（一）审查犯罪嫌疑人、被告人不需要继续羁押的理由和证明材料；

（二）听取犯罪嫌疑人、被告人及其法定代理人、近亲属或者辩护人、值班律师意见；

（三）听取被害人及其法定代理人、诉讼代理人、近亲属或者其他有关人员的意见，了解和解、谅解、赔偿情况；

（四）听取公安机关、人民法院意见，必要时查阅、复制原案卷宗中有关证据材料；

（五）调查核实犯罪嫌疑人、被告人身体健康状况；

（六）向看守所调取有关犯罪嫌疑人、被告人羁押期间表现的材料；

（七）进行羁押必要性审查、评估需要采取的其他方式。

听取意见情况应当制作笔录，与书面意见、调查核实获取的其他证据材料等一并附卷。

第十四条 审查、评估犯罪嫌疑人、被告人是否有继续羁押的必要性，可以采取自行或者委托社会调查、开展量化评估等方式，调查评估情况作为作出审查、评估决定的参考。

犯罪嫌疑人、被告人是未成年人的，经本人及其法定代理人同意，可以对未成年犯罪嫌疑人、被告人进行心理测评。

公安机关应当主动或者按照人民检察院要求收集、固定犯罪嫌疑人、被告人是否具有社会危险性的证据。

第十五条 人民检察院开展羁押必要性审查，可以按照《人民检察院羁押听证办法》组织听证。

第十六条 人民检察院审查后发现犯罪嫌疑人、被告人具有下列情形之一的，应当向公安机关、人民法院提出释放或者变更强制措施建议；审查起诉阶段的，应当及时决定释放或者变更强制措施。

（一）案件证据发生重大变化，没有证据证明有犯罪事实或者犯罪行为系犯罪嫌疑人、被告人所为的；

（二）案件事实、情节或者法律、司法解释发生变化，犯罪嫌疑人、被告人可能被判处拘役、管制、独立适用附加刑、免予刑事处罚或者判决无罪的；

（三）继续羁押犯罪嫌疑人、被告人，羁押期限将超过依法可能判处的刑期的；

（四）案件事实基本查清，证据已经收集固定，符合取保候审或者监视居住条件的；

（五）其他对犯罪嫌疑人、被告人采取羁押强制措施不当，应当及时释放或者变更的。

公安机关评估后发现符合上述情形的，应当及时决定释放或者变更强制措施。

第十七条 人民检察院审查后发现犯罪嫌疑人、被告人具有下列情形之一的，且具有悔罪表现，不予羁押不致发生社会危险性的，可以向公安机关、人民法院提出释放或者变更强制措施建议；审查起诉阶段的，可以决定释放或者变更强制措施。

（一）预备犯或者中止犯；

（二）主观恶性较小的初犯；

（三）共同犯罪中的从犯或者胁从犯；

（四）过失犯罪的；

（五）防卫过当或者避险过当的；

（六）认罪认罚的；

（七）与被害方依法自愿达成和解协议或者获得被害方谅解的；

（八）已经或者部分履行赔偿义务或者提供担保的；

（九）患有严重疾病、生活不能自理的；

（十）怀孕或者正在哺乳自己婴儿的妇女；

（十一）系未成年人或者已满七十五周岁的人；

（十二）系未成年人的唯一抚养人；

（十三）系生活不能自理的人的唯一扶养人；

（十四）可能被判处一年以下有期徒刑的；

（十五）可能被宣告缓刑的；

（十六）其他不予羁押不致发生社会危险性的情形。

公安机关评估后发现符合上述情形的，可以决定释放或者变更强制措施。

第十八条 经审查、评估，发现犯罪嫌疑人、被告人具有下列情形之一的，一般不予释放或者变更强制措施：

（一）涉嫌危害国家安全犯罪、恐怖活动犯罪、黑社会性质组织犯罪、重大毒品犯罪或者其他严重危害社会的犯罪；

（二）涉嫌故意杀人、故意伤害致人重伤或死亡、强奸、抢劫、绑架、放火、爆炸、投放危险物质等严重侵犯公民人身财产权利、危害公共安全的严重暴力犯罪；

（三）涉嫌性侵未成年人的犯罪；

（四）涉嫌重大贪污、贿赂犯罪，或者利用职权实施的严重侵犯公民人身权利的犯罪；

（五）可能判处十年有期徒刑以上刑罚的；

（六）因违反取保候审、监视居住规定而被逮捕的；

（七）可能毁灭、伪造证据，干扰证人作证或者串供的；

（八）可能对被害人、举报人、控告人实施打击报复的；

（九）企图自杀或者逃跑的；

（十）其他社会危险性较大，不宜释放或者变更强制措施的。

犯罪嫌疑人、被告人具有前款规定情形之一，但因患有严重疾病或者具有其他不适宜继续羁押的特殊情形，不予羁押不致发生社会危险性的，可以依法变更强制措施为监视居住、取保候审。

第十九条 人民检察院在侦查阶段、审判阶段收到羁押必要性审查申请或者建议的，应当在十日以内决定是否向公安机关、人民法院提出释放或者变更的建议。

人民检察院在审查起诉阶段、公安机关在侦查阶段收到变更申请的，应当在三日以内作出决定。

审查过程中涉及病情鉴定等专业知识，需要委托鉴定，指派、聘请有专门知识的人就案件的专门性问题出具报告，或者委托技术部门进行技术性证据审查，以及组织开展听证审查的期间，不计入羁押必要性审查期限。

第二十条 人民检察院开展羁押必要性审查，应当规范制作羁押必要性审查报告，写明犯罪嫌疑人、被告人基本情况、诉讼阶段、简要案情、审查情况和审查意见，并在检察业务应用系统相关捕诉案件中准确填录相关信息。

审查起诉阶段，人民检察院依职权启动羁押必要性审查后认为有继续羁押必要的，可以在审查起诉案件审查报告中载明羁押必要性审查相关内容，不再单独制作羁押必要性审查报告。

公安机关开展羁押必要性评估，应当由办案部门制作羁押必要性评估报告，提出是否具有羁押必要性的意见，送法制部门审核。

第二十一条 人民检察院经审查认为需要对犯罪嫌疑人、被告人予以释放或者变更强制措施的，在侦查和审判阶段，应当规范制作羁押必要性审查建议书，说明不需要继续羁押犯罪嫌疑人、被告人的理由和法律依据，及时送达公安机关或者人民法院。在审查起诉阶段的，应当制作决定释放通知书、取保候审决定书或者监视居住决定书，交由公安机关执行。

侦查阶段，公安机关认为需要对犯罪嫌疑人释放或者变更强制措施的，应当制作释放通知书、取保候审决定书或者监视居住决定书，同时将处理情况通知原批准逮捕的人民检察院。

第二十二条 人民检察院向公安机关、人民法院发出羁押必要性审查建议书后，应当跟踪公安机关、人民法院处理情况。

公安机关、人民法院应当在收到建议书十日以内将处理情况通知人民检察院。认为需要继续羁押的，应当说明理由。

公安机关、人民法院未在十日以内将处理情况通知人民检察院的，人民检察院应当依法提出监督纠正意见。

第二十三条 对于依申请或者看守所建议开展羁押必要性审查的，人民检察院办结后，应当制作羁押必要性审查结果通知书，将提出建议情况和公安机关、人民法院处理情况，或者有继续羁押必要的审查意见和理由及时书面告知申请人或者看守所。

公安机关依申请对继续羁押的必要性进行评估后，认为有继续羁押的必要，不同意变更强制措施的，应当书面告知申请人并说明理由。

第二十四条 经审查、评估后犯罪嫌疑人、被告人被变更强制措施的，公安机关应当加强对变更后被取保候审、监视居住人的监督管理；人民检察院应当加强对取保候审、监视居住执行情况的监督。

侦查阶段发现犯罪嫌疑人严重违反取保候审、监视居住规定，需要予以逮捕的，公安机关应当依照法定程序重新提请批准逮捕，人民检察院应当依法作出批准逮捕的决定。审查起诉阶段发现的，人民检察院应当依法决定逮捕。审判阶段发现的，人民检察院应当向人民法院提出决定逮捕的建议。

第二十五条 人民检察院直接受理侦查案件的羁押必要性审查参照本规定。

第二十六条 公安机关提请人民检察院审查批准延长侦查羁押期限，应当对继续羁押的必要性进行评估并作出说明。

人民检察院办理提请批准延长侦查羁押期限、重新计算侦查羁押期限备案审查案件，应当依法加强对犯罪嫌疑人羁押必要性的审查。

第二十七条 本规定自发布之日起施行。原《人民检察院办理羁押必要性审查案件规定（试行）》同时废止。

《人民检察院　公安机关羁押必要性审查、评估工作规定》的理解与适用

周惠永　刘中琦　李占州*

2023年11月，最高人民检察院、公安部印发了《人民检察院 公安机关羁押必要性审查、评估工作规定》（以下简称《规定》）。为便于司法实践中准确理解和正确适用，现就《规定》的起草背景和重点内容解读如下。

一、起草背景

作为未决羁押的逮捕羁押，是刑事诉讼中最严厉的强制措施，关系到对人身自由这一宪法基本权利的限制。因此，刑事诉讼需要对这一措施的适用进行严格控制，将羁押的适用限定在最有必要的情形下。任何旨在限制公民基本权利的法律都必须寻求符合基本法的目标，并使用适当的、必要的手段，以便将对公民权利的干预控制在尽可能小的范围之内。即使用的手段应是达到诉讼目的的最低手段，为保护某种利益而采取的手段也不应造成另一种利益的更大损害。[①] 因此，各国立法上往往通过严格限定羁押的实质条件，保证羁押的必要性、合

---

* 周惠永，最高人民检察院普通犯罪检察厅副厅长、二级高级检察官；刘中琦，最高人民检察院普通犯罪检察厅三级高级检察官；李占州，最高人民检察院普通犯罪检察厅一级高级检察官助理。

① 参见左卫民、周长军：《刑事诉讼的理念》，法律出版社1999年版，第38页。

目的性。比如，在制度设计上把非羁押候审作为原则，把未决羁押的适用作为例外；明确未决羁押应在确属不得已的情况下适用。[①]

近些年来，我国社会治安、刑事犯罪态势和结构发生了深刻变化，在刑事犯罪总量长期处于高位的情况下，全国检察机关起诉严重暴力犯罪从 1999 年的 16.2 万人下降至 2023 年的 6.1 万人，占比从 25.1% 下降至 3.6%。与此同时，判处 3 年有期徒刑以下刑罚的轻罪案件人数占比从 1999 年的 54.4% 上升至 2023 年的 82.3%。其中，审查逮捕案件中的盗窃罪，诈骗罪，帮助信息网络犯罪活动罪，掩饰、隐瞒犯罪所得、犯罪所得收益罪，开设赌场罪合计占 48.4%。审查起诉案件中危险驾驶罪，盗窃罪，帮助信息网络犯罪活动罪，掩饰、隐瞒犯罪所得、犯罪所得收益罪，诈骗罪合计占 53.7%。[②] 这种犯罪态势与犯罪结构的深刻变化，影响和推动着司法理念、羁押理念的更新和转变，也自然而然地对刑事司法制度和羁押制度的健全完善提出了更高要求。

二、制度沿革

2012 年刑事诉讼法特别强调强制措施对于保障刑事诉讼活动的顺利进行具有重要作用，为保证检察机关正确行使批准逮捕权，防止错误逮捕，增加规定了检察机关审查批准逮捕时讯问犯罪嫌疑人和听取辩护律师意见的程序，以及在逮捕后对羁押必要性继续进行审查的程序。随即，最高检在 2013 年施行的《人民检察院刑事诉讼规则（试行）》中，用 6 个条款初步建立了羁押必要性审查制度，同时明确根据

---

① 参见陈瑞华：《问题与主义之间——刑事诉讼基本问题研究》，中国人民大学出版社 2003 年版，第 174 页。

② 参见最高人民检察院《刑事检察工作白皮书（2023）》，载最高人民检察院官网，https://www.spp.gov.cn/xwfbh/wsfbh/202403/t20240309_648173.shtml。

不同诉讼阶段，羁押必要性审查由侦查监督部门、公诉部门、监所（刑事执行检察）部门分别负责。

自2013年1月起，各级检察机关依法履行羁押必要性审查职责，一批不需要继续羁押的犯罪嫌疑人、被告人在检察机关建议下被办案机关释放或者变更强制措施，取得了较好的社会效果和法律效果。但实践中，由于法律法规和司法解释对羁押必要性审查的规定较为原则，操作性不强，影响了羁押必要性审查制度的全面开展。存在的问题主要包括：一是羁押必要性审查制度和工作机制不够完善。二是各地羁押必要性审查工作开展不平衡。三是成功办理的羁押必要性审查案件数量整体偏少，2013年以来的审查案件数量占当年逮捕数量的比例均为2.4%左右，整体比例偏低。①

为加强制度指导，全面深入推进羁押必要性审查工作，最高检在加强对下业务指导的同时，在《关于深化检察改革的意见（2013—2017年工作规划）》（2015年修订版）及相关工作方案中，明确由刑事执行检察厅牵头负责研究"健全和落实羁押必要性审查制度"，侦查监督厅、公诉厅、案件管理办公室配合。2016年1月，最高检专门就羁押必要性审查工作制发《人民检察院办理羁押必要性审查案件规定（试行）》（以下简称《执检规定》），系统构建了检察机关履行羁押必要性审查职责的制度框架，从立案、审查、结案不同环节对羁押必要性审查的全过程进行了规范。

随后，刑事执行检察厅又专门制发了《关于贯彻执行〈人民检察院办理羁押必要性审查案件规定（试行）〉的指导意见》（以下简称

① 参见袁其国：《〈人民检察院办理羁押必要性审查案件规定（试行）〉解读》，载《人民检察》2016年第5期。

《执检指导意见》)，对检察机关办理羁押必要性审查案件作了进一步细化，相关制度机制更加完善、操作性更强，羁押必要性审查工作质效得到全面提升。到 2018 年，全国检察机关依职权或依申请对羁押必要性进行初审 4 万余件次，约为当年批准逮捕人数的 3.8%；经初审后立案 2 万余件次，经提出建议后变更或释放 1.7 万人，羁押必要性审查制度在检察办案实践中有效发挥了保障被羁押人合法权利的重要作用。

2018 年下半年，随着国家司法体制和监察体制改革不断深入，检察权运行的内外部环境发生深刻变化，最高检党组针对检察工作面临“三个不平衡”[①] 的新问题，对检察机关内设机构进行了系统性、整体性、重构性改革，实行“捕诉一体”办案机制，由同一办案组或检察官全程负责同一刑事案件的审查逮捕、审查起诉、出庭支持公诉、抗诉等工作。这当然地对原有由刑事执行检察部门负责羁押必要性审查的检察机关内部分工模式和审查方式带来冲击。2019 年，最高检根据新修订的刑事诉讼法和新的“捕诉一体”办案模式，对《人民检察院刑事诉讼规则（试行）》进行全面修订，并对羁押必要性审查的内部分工问题进行了研究。在综合评估“由捕诉部门负责”“由刑事执行检察部门负责”和“由各部门分段负责”三种方案的利弊后，认为捕诉部门“对案件情况比较了解，对案件的事实、性质、情节及犯罪嫌疑人、被告人的个人情况等掌握最为全面，从而对羁押必要性的判断也较为敏锐、准确”，“如由几个部门分段负责或者分别行使羁押必要性审查

① “三个不平衡”指刑事检察与民事检察、行政检察、公益诉讼检察工作发展不平衡，刑事检察中公诉部门的工作与侦查监督部门、刑事执行检察部门的工作发展不平衡，最高检、省级检察院的领导指导能力与市、县检察院办案工作的实际需求不平衡。

职责，会导致职责分散，容易产生相互推诿、‘谁都负责，最后谁都不负责’的情形。实行‘捕诉一体’后，由负责捕诉的部门统一负责该项工作更为合适”。[①]

由此，修订后的《人民检察院刑事诉讼规则》将羁押必要性审查职能明确赋予了捕诉部门，同时合理吸收《执检规定》和《执检指导意见》相关内容，在原有的6个条文基础上，增设“羁押必要性审查”专节，条文增加至10个，重新构建了羁押必要性审查的制度框架。但与此同时，原《执检规定》《执检指导意见》以及据此设计的检察业务流程等已不再符合《人民检察院刑事诉讼规则》规定，无法满足捕诉部门开展羁押必要性审查的实际工作需要，需要根据捕诉部门开展羁押必要性审查的规律特点，出台新的制度规范、细化新的办理流程指导和规范羁押必要性审查工作。

三、起草过程

2021年6月，党中央印发《中共中央关于加强新时代检察机关法律监督工作的意见》，特别强调要“根据犯罪情况和治安形势变化，准确把握宽严相济刑事政策，落实认罪认罚从宽制度，严格依法适用逮捕羁押措施，促进社会和谐稳定”，“规范强制措施和侦查手段适用，切实保障人权”。为落实党中央重要决策部署，加强和规范检察机关羁押必要性审查工作，有效减少不必要羁押，保护被羁押人合法权利，2021年7月，最高检部署为期半年的全国检察机关羁押必要性审查专

① 童建明、万春主编：《〈人民检察院刑事诉讼规则〉条文释义》，中国检察出版社2020年版，第616—617页。

项活动[①]，要求各级检察院捕诉部门重点就法定刑在3年以下有期徒刑、涉民营企业经营类犯罪、当事人提出羁押必要性审查申请三类在办羁押案件加强审查，从严把握羁押标准、及时变更羁押强制措施，推动实现羁押审查的实质化、规范化、常态化、长效化。同时要求，各地要在专项活动中认真总结突出问题、提出意见建议，为最高检健全完善符合捕诉部门羁押必要性审查规律特点的制度机制积累实践经验和制度样本。

2022年1月，为进一步巩固专项活动成果，强化捕诉部门开展羁押必要性审查的职责意识，在深化实践中推动完善制度机制，最高检决定将专项活动延长1年，至2022年底结束，并将案件范围由三类重点案件拓展为全部在办羁押案件。其间，最高检部署开展了为期1个月的重点案件专项排查，要求各级检察机关对在押人员系年满60周岁的老年人；因患有严重疾病等原因不适宜继续羁押；系怀孕或者正在哺乳自己婴儿的妇女；系未成年人子女、生活不能自理的人的唯一抚（扶）养人的案件进行集中排查和羁押必要性审查。

2023年初，最高检对为期1年半的专项活动进行了系统总结，对各地报送的经验成果和意见建议进行了汇总整理。在此基础上，2023年4月初由最高检和江苏、浙江、广东、四川等地检察官组成的工作专班成立。工作专班起草了《人民检察院羁押必要性审查规定（稿）》。2023年4月底，同步征求了各省级检察院和最高检各业务厅的意见，至5月中旬，共收集修改意见178条。

---

① 专项活动的名称采取了最广义的羁押必要性审查概念，包括审查逮捕、审查延长侦查羁押期限、重新计算侦查羁押期限备案审查和羁押必要性审查等全部与羁押审查有关的案件类型。本文仅就专项活动中的捕后羁押必要性审查工作情况进行介绍，如无特殊说明，暂不涉及其他类型。

在研究吸收修改意见的过程中，工作专班了解到公安部正在起草《公安机关羁押必要性评估工作规定（稿）》。考虑到检察机关、公安机关对羁押必要性的审查评估在指导思想、把握标准上的一致性和程序衔接上的紧密关联，经与公安部承办部门沟通并报院、部领导同意，将双方正在起草的两个文件稿进行了整合，形成了《人民检察院 公安机关羁押必要性审查、评估工作规定（稿）》（以下简称《规定（稿）》），并再次征求了各省级检察院意见。根据各省级检察院意见对《规定（稿）》作进一步修改后，又分别征求了公安部、全国人大常委会法工委、最高人民法院、司法部以及部分专家学者的意见，并再次征求了最高检各业务厅的意见。2023年11月30日，《规定》经最高检检察委员会审议通过，并经最高检、公安部会签后正式印发。

四、重点问题

（一）对羁押必要性审查的理解

从理论研究到制度设计再到司法实践，对羁押必要性审查有不同理解：

一是狭义的理解，即将羁押必要性审查严格限定为刑事诉讼法第95条规定的“犯罪嫌疑人、被告人被逮捕后，人民检察院仍应当对羁押的必要性进行审查”。且由于法条中紧接着规定“对不需要继续羁押的，应当建议予以释放或者变更强制措施”，最狭义的羁押必要性审查仅指检察机关在侦查、审判阶段对继续羁押必要性的审查。《人民检察院刑事诉讼规则（试行）》和《执检规定》均采取了这种最狭义的理解，所不同的是，《人民检察院刑事诉讼规则（试行）》将这项权力分诉讼阶段赋予了原侦查监督部门和原公诉部门，原监所检察部门仅有建议权，而《执检规定》将这项权力统一归口刑事执行检察部门

（原监所检察部门），原侦查监督、公诉等部门予以配合。这种最狭义的理解以最严格的标准对法律文本进行解释，能够更加清晰地界定羁押必要性审查的法律监督属性。但是，一方面，最狭义的羁押必要性审查无法解释“检察机关在审查起诉阶段，对被羁押人的羁押必要性进行的审查为什么不属于羁押必要性审查”的问题；另一方面，实践中当事人向检察机关提出变更羁押强制措施申请时，仅因受理申请的部门不同，而导致救济程序（3 日还是 15 日决定）、救济方式（决定还是建议）、权力属性（审查决定还是法律监督）出现明显差异，也说明由此种理解衍生的制度设计在实践中缺乏合理性[①]。

因此，2019 年《人民检察院刑事诉讼规则》修订时，虽然也认为“负责捕诉的部门直接释放犯罪嫌疑人或者变更强制措施，这与刑事诉讼法意义上的羁押必要性审查并不完全相同”[②]，但从制度设计上，《人民检察院刑事诉讼规则》第 575 条第 2 款实际上将捕诉部门审查后的径行变更纳入了广义的羁押必要性审查范围。这也是对狭义羁押必要性审查的制度修正。

二是广义的理解，即从逮捕羁押措施适用的角度，将刑事诉讼法第 96 条、第 97 条以及其他与羁押必要性有关的规定作一体解释，而不再对羁押必要性审查的主体、诉讼阶段、审查对象作任何限定，只要涉及审查判断社会危险性、羁押必要性的诉讼行为，都可以纳入最

① 这种不合理性的一个集中体现是最高人民检察院刑事执行检察厅《关于贯彻执行〈人民检察院办理羁押必要性审查案件规定（试行）〉的指导意见》第 4 条规定，犯罪嫌疑人、被告人及其法定代理人、近亲属、辩护人依据刑事诉讼法第 95 条规定，向检察机关刑事执行检察部门申请变更强制措施，或者援引该规定但申请事项表述为羁押必要性审查的，检察机关刑事执行检察部门应当向其说明情况，并在其修改申请材料后依法受理。

② 童建明、万春主编：《〈人民检察院刑事诉讼规则〉条文释义》，中国检察出版社 2020 年版，第 617 页。

广义的羁押必要性审查范畴。即“因公安机关、人民检察院、人民法院在决定是否变更强制措施、是否批准或者撤销逮捕、是否批准延长侦查羁押期限、是否逮捕时，也要对是否有必要羁押犯罪嫌疑人、被告人进行审查，上述情况下的羁押必要性审查是广义的羁押必要性审查”。[①] 这种广义理解下的羁押必要性审查，不再是检察机关的专属权力，也模糊了羁押必要性审查的权力属性，但有利于从整体上系统理解羁押的必要性，有利于体系化构建贯穿刑事诉讼法的羁押审查制度，也有利于实践中对犯罪嫌疑人、被告人人身权利的一体保护。

对检察机关而言，这种广义理解将包括审查起诉阶段在内的各个诉讼阶段的羁押必要性审查，以及审查逮捕、审查延长侦查羁押期限和重新计算侦查羁押期限备案审查等均纳入羁押必要性审查范畴，有利于捕诉部门强化羁押必要性审查意识、统一把握羁押审查标准、在各类羁押审查案件办理中实质性开展羁押必要性审查工作。2021 年最高检印发的《人民检察院羁押听证办法》采取了广义的羁押审查立场，把羁押听证的适用范围从《人民检察院刑事诉讼规则》规定的审查逮捕、羁押必要性审查扩展至审查延长侦查羁押期限；同年部署的羁押必要性审查专项活动又把审查逮捕、审查延长侦查羁押期限、重新计算侦查羁押期限备案审查等全部与羁押审查有关的案件类型纳入专项活动范围。

（二）《规定》适用范围

《规定》延续了广义理解，一方面，按照《人民检察院刑事诉讼规则》第 575 条的规定，将捕诉部门在审查起诉阶段的审查、变更纳入羁押必要性审查范围。同时，将刑事诉讼法第 96 条、第 97 条纳入

① 童建明、万春主编：《〈人民检察院刑事诉讼规则〉条文释义》，中国检察出版社 2020 年版，第 617 页。

《规定》适用范围，并在《规定》第 8 条第 2 款明确规定，申请人提出变更羁押强制措施申请的，应当按照羁押必要性审查程序办理。另一方面，《规定》第 26 条明确规定，检察机关办理提请批准延长侦查羁押期限、重新计算侦查羁押期限备案审查案件时，应当依法加强对犯罪嫌疑人羁押必要性的审查。

需要进一步说明的是，将刑事诉讼法第 96 条、第 97 条纳入《规定》适用范围还有以下具体考虑：一是刑事诉讼法第 96 条规定的“采取强制措施不当的，应当及时撤销或者变更”，一般理解为对强制措施合法性的审查，与羁押必要性在学理上有所区别，但在实践中往往存在模糊地带。从更好发挥羁押必要性审查制度功能出发，将刑事诉讼法第 96 条内容纳入羁押必要性审查范围能够更好提供救济途径，更有利于保障在押人员权利。仅在符合“犯罪嫌疑人没有犯罪事实或者依法不应当追究刑事责任”或者系“对县级以上人大代表未依法定程序而批准逮捕”等应当撤销逮捕决定的情形时，不作为羁押必要性审查办理。二是申请人根据刑事诉讼法第 97 条向检察机关提出的变更羁押强制措施申请，实质上与羁押必要性审查申请没有区别，都是对是否需要变更羁押强制措施进行的审查，从更好保障在押人员权利出发，将第 97 条中关于变更羁押强制措施的申请纳入羁押必要性审查，能够提升第 97 条的可操作性。三是从制度设计成本看，第 95 条至第 97 条没有分别制定规范性文件的必要。

需要特别说明的是，基于最广义的对羁押必要性审查的理解，最初与公安部整合形成的《规定（稿）》未就检警机关的“审查”“评估”进行区分，在标题和条文中统一使用了“审查”的表述。征求意见过程中，公安部和一些专家学者提出了不同意见，认为目前阶段还是应当对检察机关的“审查”和公安机关的“评估”进行区分，体现刑事诉讼法对检察机关羁押必要性审查的特殊授权。该意见被采纳。

（三）关于随案办理模式

《执检规定》根据刑事执行检察部门开展羁押必要性审查的工作特点，将羁押必要性审查作为独立于捕诉案件的单独案件类型办理，分受理、初审、立案、审查和结案等多个环节设计了羁押必要性审查的办理流程。《规定》立足捕诉部门开展羁押必要性审查的实际，采取了随案办理的模式开展羁押必要性审查，即审查工作依附于原捕诉案件进行案卡填录工作，不再另行新建案件。主要考虑：一是从必要性看，羁押必要性审查工作有依附于捕诉案件的基本属性，检察机关开展羁押必要性审查的职责调整到捕诉部门后，没有另行单独立案的必要。二是从规范管理看，按照全国检察业务应用系统的流程设计，随案办理的羁押必要性审查仍然可以通过填录案卡、制作羁押必要性审查报告、履行内部审批流程等，实现全程留痕、规范办理的工作要求。三是从前期羁押必要性审查专项活动开展情况以及调研了解的情况看，基层普遍支持随案办理、不另行新建案件的方式。

五、重点条款

《规定》根据刑事诉讼法、《人民检察院刑事诉讼规则》和公安部《公安机关办理刑事案件程序规定》制定，吸收、参考了最高检、公安部《关于逮捕社会危险性条件若干问题的规定（试行）》《执检规定》《执检指导意见》以及各省级检察院制定的相关文件内容，共27条。其中，第1条至第5条规定了羁押必要性审查、评估的职责、要求、职能分工和权利保障；第6条至第11条规定了依职权、依申请和依看守所建议启动审查程序的不同情形；第12条至第15条规定了审查内容和审查方式；第16条至第18条分别规定了应当变更、可以变更和一般不予变更的情形；第 19 条至第 21 条规定了羁押必要性审查的期限和文书；第 22 条至第 24 条规定了审查后的跟踪监督、结果告知和非羁押监管；第 25 条至第 27 条是其他规定。

（一）关于依职权启动的羁押必要性审查

《规定》第 6 条是关于依职权启动羁押必要性审查的规定。羁押必要性审查专项活动期间，为推动羁押必要性审查常态化，最高检提出了“在办羁押案件进入审查起诉、审判环节，应当对羁押的必要性进行审查”的工作要求，有力强化了刑事检察部门开展羁押必要性审查的职责意识。《规定》起草过程中吸收了这一经验做法，同时结合当前实践把握的羁押标准，在第 2 款规定“人民检察院对审查起诉阶段未经羁押必要性审查、可能判处三年有期徒刑以下刑罚的在押犯罪嫌疑人，在提起公诉前应当依职权开展一次羁押必要性审查”。

此外，还有部分类型案件虽然未写入《规定》明确的应依职权启动的案件范围，但各级检察机关从落实为大局服务、为人民司法、为法治担当的职责使命出发，在办理以下几类犯罪嫌疑人、被告人在押的案件时，要注意开展羁押必要性审查工作：一是审查起诉阶段，未成年犯罪嫌疑人被提起公诉前未经羁押必要性审查的，应当依职权开展一次羁押必要性审查。二是提起公诉后，法院一审超过 6 个月、二审超过 4 个月未作出判决、裁定的，应当依职权启动羁押必要性审查。

（二）关于需要立即开展审查的案件类型

为避免因程序拖沓、未及时变更强制措施造成严重后果，《规定》第 7 条专门就应当立即启动羁押必要性审查的案件范围作了规定，该条吸收了《人民检察院刑事诉讼规则》第 579 条、第 580 条中的具有明显紧迫性的规定。一是第 1 款增加了第 3 项“系未成年人的唯一抚养人”情形，主要是基于保护未成年人合法权益，避免未成年人因案失去抚养、监护后，人身、财产、教育等各方面权益受到侵害。同时，考虑到部分犯罪嫌疑人、被告人虽不是未成年人的“唯一监护人”，但实际上对其承担了抚养责任和监护义务，因此适当放宽条件，表述为“唯一抚养人”。二是第1款增加了第6项、第7项，即在押人员明显不再具有羁押必要性的情形。

（三）关于依申请启动羁押必要性审查的例外

《规定》第9条是关于依申请启动羁押必要性审查的例外，以及关于例外的例外规定。为保障刑事诉讼顺利进行，在充分保障当事人羁押必要性审查申请权的同时，也要避免因申请人在没有新的证据和理由的情况下频繁提出申请，导致大量不必要的重复审查，影响检察机关正常办案。《执检规定》主要通过不予立案，把“无理由或者理由明显不成立的申请，或者经人民检察院审查后未提供新的证明材料或者没有新的理由而再次申请”的情形过滤在羁押必要性审查程序外，以节约司法资源。而《规定》取消了受案、立案环节，采取随案办理的模式开展羁押必要性审查，无法采取不立案的方式将不合理申请排除在诉讼程序外，因此在第9条第1款中规定了依申请的“例外”，即对于申请人“未提供新的证明材料或者没有新的理由而再次申请的”，也可以不再开展羁押必要性审查。同时，考虑到一律禁止重复申请可能对于当事人的权利保护过于严苛，特别是在羁押期限较长的情况下，针对同一情形、同一理由提出的重复申请具有实践合理性，《规定》在第9条中增加了第2款作为例外的例外：“经依法批准延长侦查羁押期限、重新计算侦查羁押期限、退回补充侦查重新计算审查起诉期限，导致在押人员被羁押期限延长的，变更申请不受前款限制”，即此种情形下申请人以相同的证明材料或者理由提出的羁押必要性审查申请，不属于该条第1款规定的重复申请，捕诉部门应当及时开展羁押必要性审查工作。

（四）关于依建议的羁押必要性审查

《规定》第 11 条是对于看守所建议的规定。需要注意两个方面问题：一是根据国务院《看守所条例》和公安部《关于规范和加强看守所管理确保在押人员身体健康的通知》，该条第 1 款首先规定了看守所在工作中发现在押人员不适宜继续羁押的，应当及时提请“办案机关”依法变更强制措施，即侦查阶段的，看守所应当提请公安机关依法变更；审判阶段的，应提请法院依法变更，从而有效保障在押人员合法权益。二是看守所建议检察机关开展羁押必要性审查的，应以书面形式提出，并附证明在押人员身体状况的证据材料。这是检察机关有效开展羁押必要性审查的必要保障。同时，考虑到看守所提出建议的理由，往往集中于法定羁押期限到期和在押人员身体健康情况不适于继续羁押，检察机关收到建议后应当立即开展羁押必要性审查，依法及时作出审查决定。

（五）关于审查内容

《规定》第 12 条吸收《执检规定》和《执检指导意见》的相关内容，并结合办案实际对条款内容作了增补、调整，特别是增加了第 1 款第 8 项“犯罪嫌疑人、被告人在押期间的表现情况”和第 2 款“犯罪嫌疑人、被告人系未成年人的，应当重点审查其成长经历、犯罪原因以及有无监护或者社会帮教条件”的规定。征求意见过程中，有地方建议修改第 1 款第 3 项中关于“劣迹”“从严”的表述。工作专班研究后认为，“劣迹”“从严”虽然不是严格意义上的刑法用语，但在审查羁押必要性时，“劣迹”是影响是否羁押的重要考量因素，“从严”则是相对“从宽”，体现对羁押必要性审查的把握，是宽严相济刑事政策的具体落实，因此未对相关表述进行修改。

此外，从检察机关的羁押必要性审查实践看，审查重点还应当包括：一是犯罪嫌疑人、被告人系未成年人的，应当注意审查其成长经历、犯罪原因以及有无监护或者社会帮教条件；二是在全面审查的基础上，应当有针对性地对犯罪嫌疑人、被告人被逮捕时所认定的社会危险性情形是否发生变化进行重点审查。

（六）关于审查方式

《规定》第 13 条、第 14 条、第 15 条都是对审查方式的规定。其中，第 13 条是关于审查方式的一般规定。该条主要吸收了《人民检察院刑事诉讼规则》第 577 条的相关内容，同时对应第 12 条中关于在押期间表现的内容，在第 1 款增加了第 6 项“向看守所调取有关犯罪嫌疑人、被告人羁押期间表现的材料”的规定。需要说明的是，第 13 条第 2 款从规范羁押必要性审查的角度，提出了“听取意见情况应当制作笔录，与书面意见、调查核实获取的其他证据材料等一并附卷”的原则要求。但对于实践中存在的，因被害人等听取意见对象不在本地，或不愿配合等原因，制作笔录存在困难的，可以采取电话等方式听取意见，听取意见过程应当形成书面记录并附卷。此外，从保护当事人隐私的角度出发，羁押必要性审查过程中获取的与定罪量刑无关、涉及当事人隐私的证据材料、病历报告、调查报告、心理测评结果等，一般应当归入案件副卷，不再移送下一诉讼环节。第 14 条、第 15 条分别规定了调查评估和羁押听证两种特殊的调查、审查方式。

（七）关于审查判断标准

《规定》第 16 条、第 17 条、第 18 条规定了经审查后判断在押人员是否具有羁押必要性，是否可以释放或者变更强制措施的不同情形。其中第 16 条、第 17 条主要吸收了《人民检察院刑事诉讼规则》第 579 条、第 580 条的相关内容，并对个别款项作了修改完善。一是

第 17 条第 1 款将《人民检察院刑事诉讼规则》第 580 条中关于“与被害方依法自愿达成和解协议，且已经履行或者提供担保”的规定拆分为两项，即“（七）与被害方依法自愿达成和解协议或者获得被害方谅解的”“（八）已经或者部分履行赔偿义务或者提供担保的”。主要考虑是：一方面，对羁押必要性审查而言，并不要求在押人员必须履行或者部分履行赔偿义务，其有积极履行赔偿义务的态度或者提供担保的行为均可作为判断其社会危险性的依据。针对“狮子大开口”的被害人，犯罪嫌疑人提供担保的，可以综合案件情况变更强制措施，实践中各地也积极探索了如赔偿金、保证金等制度，取得了良好的运行效果。另一方面，和解谅解的内容不必然有金钱给付的内容，写在同一项内容易造成对和解谅解内容的狭隘理解。二是第 17 条第 1 款增加了“（十二）系未成年人的唯一抚养人”的规定。三是第 17 条第 1 款将《人民检察院刑事诉讼规则》中“可能被判处一年以下有期徒刑或者宣告缓刑的”分拆为“（十四）可能被判处一年以下有期徒刑的”和“（十五）可能被宣告缓刑的”，避免理解上出现混乱。第 18 条参考了《执检指导意见》中关于经初审后不予立案的规定。因《规定》不再设置受理、初审、立案环节，故于此处明确了不予释放或者变更强制措施的情形。

需要特别说明的是，承办检察官进行羁押必要性审查时，应当全面审查在押人员是否符合《规定》第 16 条、第 17 条和第 18 条所列举的不同情形，同时符合不同条款下多种情形的，应当对各类情形进行综合评判，综合认定在押人员的社会危险性，不能仅因在押人员符合某一项情形而简单认定其具有或者不具有社会危险性。

（八）关于审查期限

《规定》第 19 条是关于审查期限的规定。考虑到审查期限相对紧张，为避免检察官受审查期限限制，无法充分开展调查核实，导致审查流于形式的问题，第19条第3款规定，审查过程中涉及病情鉴定等专业知识，需要委托鉴定，指派、聘请有专门知识的人就案件的专门性问题出具报告，或者委托技术部门进行技术性证据审查，以及组织开展听证审查的期间，不计入羁押必要性审查期限。需要特别说明的是，征求意见过程中有部门提出，按照《人民检察院审查案件听证工作规定》第20条规定，听证的期间计入办案期限，与《规定》第19条第3款相关内容冲突。工作专班研究后认为，一是听证不计入羁押必要性审查期限的主要考虑是，审查起诉阶段依申请的羁押必要性审查期限仅为3日，如将听证期间计入，则加剧期限紧张，实践中将导致承办人放弃采取听证形式进行审查，不利于在押人员的权利保障。二是《人民检察院审查案件听证工作规定》第20条规定听证的期间计入“办案期限”，即审查起诉阶段的羁押听证期限应计入审查起诉期限。但目前的羁押必要性审查随案办理，3日期限为羁押必要性审查事项的办理期限，而非办案期限，在特定情形下中止有利于充分开展审查工作、保障在押人员听证权利。

（九）关于非羁押监管

为避免羁押必要性审查后“一放了之”、放松监管，影响刑事诉讼顺利进行，《规定》第24条专门就变更强制措施后公安机关、检察机关的管理、监督责任进行了强调。需要特别说明的是，近年来的司法实践中存在超范围、违规适用指定居所监视居住；指定居所监视居住期间刑讯逼供，严重侵害当事人合法权益的情形。这一定程度上与检察机关无法及时、充分履行对指定居所监视居住决定和执行的检察监督职能有关。有鉴于此，检察机关捕诉部门经羁押必要性审查，建议侦查机关变更逮捕羁押措施，而侦查机关采纳检察机关建议，变更强制措施为指定居所监视居住的，捕诉部门应当在对指定居所监视居住决定的合法性进行监督的基础上，及时将指定居所监视居住的相关情况告知负责执行监督的刑事执行检察部门。而对于检察机关自行决定采取指定居所监视居住措施的，则应当通知控告申诉检察部门对指定居所监视居住的执行活动是否合法实行监督。

最高人民法院　最高人民检察院　公安部
关于办理医保骗保刑事案件若干问题的指导意见

（2024年2月28日）

为依法惩治医保骗保犯罪，维护医疗保障基金安全，维护人民群众合法权益，根据《中华人民共和国刑法》、《中华人民共和国刑事诉讼法》等有关规定，现就办理医保骗保刑事案件若干问题提出如下意见。

一、全面把握总体要求

1. 深刻认识依法惩治医保骗保犯罪的重大意义。医疗保障基金是人民群众的“看病钱”、“救命钱”，事关人民群众切身利益，事关医疗保障制度健康持续发展，事关国家长治久安。要切实提高政治站位，深刻认识依法惩治医保骗保犯罪的重大意义，持续深化医保骗保问题整治，依法严惩医保骗保犯罪，切实维护医疗保障基金安全，维护人民群众医疗保障合法权益，促进医疗保障制度健康持续发展，不断提升人民群众获得感、幸福感、安全感。

2. 坚持严格依法办案。坚持以事实为根据、以法律为准绳，坚持罪刑法定、证据裁判、疑罪从无等法律原则，严格按照证据证明标准和要求，全面收集、固定、审查和认定证据，确保每一起医保骗保刑事案件事实清楚，证据确实、充分，定罪准确，量刑适当，程序合法。切实贯彻宽严相济刑事政策和认罪认罚从宽制度，该宽则宽，当严则严，宽严相济，罚当其罪，确保罪责刑相适应，实现政治效果、法律效果和社会效果的统一。

3. 坚持分工负责、互相配合、互相制约。公安机关、人民检察院、人民法院要充分发挥侦查、起诉、审判职能作用，加强协作配合，建立长效工作机制，形成工作合力，依法、及时、有效惩治医保骗保犯罪。坚持以审判为中心，强化证据意识、程序意识、裁判意识，充分发挥庭审在查明事实、认定证据、保护诉权、公正裁判中的决定性作用，有效加强法律监督，确保严格执法、公正司法，提高司法公信力。

二、准确认定医保骗保犯罪

4. 本意见所指医保骗保刑事案件，是指采取欺骗手段，骗取医疗保障基金的犯罪案件。

医疗保障基金包括基本医疗保险（含生育保险）基金、医疗救助基金、职工大额医疗费用补助、公务员医疗补助、居民大病保险资金等。

5. 定点医药机构（医疗机构、药品经营单位）以非法占有为目的，实施下列行为之一，骗取医疗保障基金支出的，对组织、策划、实施人员，依照刑法第二百六十六条的规定，以诈骗罪定罪处罚；同时构成其他犯罪的，依照处罚较重的规定定罪处罚：

（1）诱导、协助他人冒名或者虚假就医、购药，提供虚假证明材料，或者串通他人虚开费用单据；

（2）伪造、变造、隐匿、涂改、销毁医学文书、医学证明、会计凭证、电子信息、检测报告等有关资料；

（3）虚构医药服务项目、虚开医疗服务费用；

（4）分解住院、挂床住院；

（5）重复收费、超标准收费、分解项目收费；

（6）串换药品、医用耗材、诊疗项目和服务设施；

（7）将不属于医疗保障基金支付范围的医药费用纳入医疗保障基金结算；

（8）其他骗取医疗保障基金支出的行为。

定点医药机构通过实施前款规定行为骗取的医疗保障基金应当予以追缴。

定点医药机构的国家工作人员，利用职务便利，实施第一款规定的行为，骗取医疗保障基金，依照刑法第三百八十二条、第三百八十三条的规定，以贪污罪定罪处罚。

6. 行为人以非法占有为目的，实施下列行为之一，骗取医疗保障基金支出的，依照刑法第二百六十六条的规定，以诈骗罪定罪处罚；同时构成其他犯罪的，依照处罚较重的规定定罪处罚：

（1）伪造、变造、隐匿、涂改、销毁医学文书、医学证明、会计凭证、电子信息、检测报告等有关资料；

（2）使用他人医疗保障凭证冒名就医、购药；

（3）虚构医药服务项目、虚开医疗服务费用；

（4）重复享受医疗保障待遇；

（5）利用享受医疗保障待遇的机会转卖药品、医用耗材等，接受返还现金、实物或者获得其他非法利益；

（6）其他骗取医疗保障基金支出的行为。

参保人员个人账户按照有关规定为他人支付在定点医疗机构就医发生的由个人负担的医疗费用，以及在定点零售药店购买药品、医疗器械、医用耗材发生的由个人负担的费用，不属于前款第（2）项规定的冒名就医、购药。

7. 医疗保障行政部门及经办机构工作人员利用职务便利，骗取医疗保障基金支出的，依照刑法第三百八十二条、第三百八十三条的规定，以贪污罪定罪处罚。

8. 以骗取医疗保障基金为目的，购买他人医疗保障凭证（社会保障卡等）并使用，同时构成买卖身份证件罪、使用虚假身份证件罪、诈骗罪的，以处罚较重的规定定罪处罚。

盗窃他人医疗保障凭证（社会保障卡等），并盗刷个人医保账户资金，依照刑法第二百六十四条的规定，以盗窃罪定罪处罚。

9. 明知系利用医保骗保购买的药品而非法收购、销售的，依照刑法第三百一十二条和相关司法解释的规定，以掩饰、隐瞒犯罪所得罪定罪处罚；指使、教唆、授意他人利用医保骗保购买药品，进而非法收购、销售，依照刑法第二百六十六条的规定，以诈骗罪定罪处罚。

利用医保骗保购买药品的行为人是否被追究刑事责任，不影响对非法收购、销售有关药品的行为人定罪处罚。

对第一款规定的主观明知，应当根据药品标志、收购渠道、价格、规模及药品追溯信息等综合认定。具有下列情形之一的，可以认定行为人具有主观明知，但行为人能够说明药品合法来源或作出合理解释的除外：

（1）药品价格明显异于市场价格的；

（2）曾因实施非法收购、销售利用医保骗保购买的药品，受过刑事或行政处罚的；

（3）以非法收购、销售基本医疗保险药品为业的；

（4）长期或多次向不特定交易对象收购、销售基本医疗保险药品的；

（5）利用互联网、邮寄等非接触式渠道多次收购、销售基本医疗保险药品的；

（6）其他足以认定行为人主观明知的。

三、依法惩处医保骗保犯罪

10.依法从严惩处医保骗保犯罪，重点打击幕后组织者、职业骗保人等，对其中具有退赃退赔、认罪认罚等从宽情节的，也要从严把握从宽幅度。

具有下列情形之一的，可以从重处罚：

（1）组织、指挥犯罪团伙骗取医疗保障基金的；

（2）曾因医保骗保犯罪受过刑事追究的；

（3）拒不退赃退赔或者转移财产的；

（4）造成其他严重后果或恶劣社会影响的。

11.办理医保骗保刑事案件，要同步审查洗钱、侵犯公民个人信息等其他犯罪线索，实现全链条依法惩治。要结合常态化开展扫黑除恶斗争，发现、识别医保骗保团伙中可能存在的黑恶势力，深挖医保骗保犯罪背后的腐败和“保护伞”，并坚决依法严惩。

12.对实施医保骗保的行为人是否追究刑事责任，应当综合骗取医疗保障基金的数额、手段、认罪悔罪、退赃退赔等案件具体情节，依法决定。

对于涉案人员众多的，要根据犯罪的事实、犯罪的性质、情节和对于社会的危害程度，以及在共同犯罪中的地位、作用、具体实施的行为区别对待、区别处理。对涉案不深的初犯、偶犯从轻处罚，对认罪认罚的医务人员、患者可以从宽处罚，其中，犯罪情节轻微的，可以依法不起诉或者免除处罚；情节显著轻微、危害不大的，不作为犯罪处理。

13. 依法正确适用缓刑，要综合考虑犯罪情节、悔罪表现、再犯罪的危险以及宣告缓刑对所居住社区的影响，依法作出决定。对犯罪集团的首要分子、职业骗保人、曾因医保骗保犯罪受过刑事追究，毁灭、伪造、隐藏证据，拒不退赃退赔或者转移财产逃避责任的，一般不适用缓刑。对宣告缓刑的犯罪分子，根据犯罪情况，可以同时禁止其在缓刑考验期限内从事与医疗保障基金有关的特定活动。

14. 依法用足用好财产刑，加大罚金、没收财产力度，提高医保骗保犯罪成本，从经济上严厉制裁犯罪分子。要综合考虑犯罪数额、退赃退赔、认罪认罚等情节决定罚金数额。

四、切实加强证据的收集、审查和判断

15. 医保骗保刑事案件链条长、隐蔽深、取证难，公安机关要加强调查取证工作，围绕医保骗保犯罪事实和量刑情节收集固定证据，尤其注重收集和固定处方、病历等原始证据材料及证明实施伪造骗取事实的核心证据材料，深入查明犯罪事实，依法移送起诉。对重大、疑难、复杂和社会影响大、关注度高的案件，必要时可以听取人民检察院的意见。

16. 人民检察院要依法履行法律监督职责，强化以证据为核心的指控体系构建，加强对医保骗保刑事案件的提前介入、证据审查、立案监督等工作，积极引导公安机关开展侦查活动，完善证据体系。

17. 人民法院要强化医保骗保刑事案件证据的审查、判断，综合运用证据，围绕与定罪量刑有关的事实情节进行审查、认定，确保案件事实清楚，证据确实、充分。认为需要补充证据的，应当依法建议人民检察院补充侦查。

18. 医疗保障行政部门在监督检查和调查中收集的物证、书证、视

听资料、电子数据等证据材料，经法庭查证属实，且收集程序符合有关法律、行政法规规定的，可以作为定案的根据。

19. 办理医保骗保刑事案件，确因证人人数众多等客观条件限制，无法逐一收集证人证言的，可以结合已收集的证人证言，以及经查证属实的银行账户交易记录、第三方支付结算凭证、账户交易记录、审计报告、医保信息系统数据、电子数据等证据，综合认定诈骗数额等犯罪事实。

20. 公安机关、人民检察院、人民法院对依法查封、扣押、冻结的涉案财产，应当全面收集、审查证明其来源、性质、用途、权属及价值大小等有关证据，根据查明的事实依法处理。经查明确实与案件无关的，应予返还。

公安机关、人民检察院应当对涉案财产审查甄别。在移送起诉、提起公诉时，应当对涉案财产提出处理意见。

21. 对行为人实施医保骗保犯罪所得一切财物，应当依法追缴或者责令退赔。确有证据证明存在依法应当追缴的财产，但无法查明去向，或者价值灭失，或者与其他合法财产混合且不可分割的，可以追缴等值财产或者混合财产中的等值部分。等值财产的追缴数额限于依法查明应当追缴违法所得数额，对已经追缴或者退赔的部分应予扣除。

对于证明前款各种情形的证据，应当及时调取。

22. 公安机关、人民检察院、人民法院要把追赃挽损贯穿办理案件全过程和各环节，全力追赃挽损，做到应追尽追。人民法院在执行涉案财物过程中，公安机关、人民检察院及有关职能部门应当配合，切实履行协作义务，综合运用多种手段，做好涉案财物清运、财产变现、资金归集和财产返还等工作，最大程度减少医疗保障基金损失，最大限度维护人民群众利益。

五、建立健全协同配合机制

23. 公安机关、人民检察院对医疗保障行政部门在调查医保骗保行为或行政执法过程中，认为案情重大疑难复杂，商请就追诉标准、证据固定等问题提出咨询或参考意见的，应当及时提出意见。

公安机关对医疗保障行政部门移送的医保骗保犯罪线索要及时调查，必要时可请相关部门予以协助并提供相关证据材料，对涉嫌犯罪的及时立案侦查。医疗保障行政部门或有关行政主管部门及医药机构应当积极配合办案机关调取相关证据，做好证据的固定和保管工作。

公安机关、人民检察院、人民法院对不构成犯罪、依法不起诉或免予刑事处罚的医保骗保行为人，需要给予行政处罚、政务处分或者其他处分的，应当依法移送医疗保障行政部门等有关机关处理。

24. 公安机关、人民检察院、人民法院与医疗保障行政部门要加强协作配合，健全医保骗保刑事案件前期调查、立案侦查、审查起诉、审判执行等工作机制，完善线索发现、核查、移送、处理和反馈机制，加强对医保骗保犯罪线索的分析研判，及时发现、有效预防和惩治犯罪。公安机关与医疗保障行政部门要加快推动信息共享，构建实时分析预警监测模型，力争医保骗保问题“发现在早、打击在早”，最大限度减少损失。

公安机关、人民检察院、人民法院应当将医保骗保案件处理结果及生效文书及时通报医疗保障行政部门。

25. 公安机关、人民检察院、人民法院在办理医保骗保刑事案件时，可商请医疗保障行政部门或有关行政主管部门指派专业人员配合开展工作，协助查阅、复制有关专业资料或核算医疗保障基金损失数额，就案件涉及的专业问题出具认定意见。涉及需要行政处理的事项，应当及时移送医疗保障行政部门或者有关行政主管部门依法处理。

26. 公安机关、人民检察院、人民法院要进一步延伸办案职能，根据情况适时发布典型案例、开展以案释法，加强法治宣传教育，推动广大群众知法、守法，共同维护医疗保障基金正常运行和医疗卫生秩序。结合办理案件发现医疗保障基金使用、监管等方面存在的问题，向有关部门发送提示函、检察建议书、司法建议书，并注重跟踪问效，建立健全防范医保骗保违法犯罪长效机制，彻底铲除医保骗保违法犯罪的滋生土壤。

《最高人民法院　最高人民检察院　公安部关于办理医保骗保刑事案件若干问题的指导意见》的理解与适用

曹红虹　周　颖　李　轩*

2024年2月28日，最高人民法院、最高人民检察院、公安部联合印发了《关于办理医保骗保刑事案件若干问题的指导意见》（以下简称《意见》）。为便于执法司法实践中准确理解和适用该指导文件，现就《意见》的制定背景、起草原则和主要内容等解读如下。

一、制定背景

医保基金是人民群众的“看病钱”“救命钱”，事关广大群众的切身利益，事关医疗保障制度健康持续发展，党中央高度重视。近年来，国家医疗保障体系不断健全完善，医保覆盖面和基金规模不断扩大。为维护医保基金安全，我国不断健全完善相关法律法规和机制体制建设。2010年颁布的《社会保险法》规定了基本医疗保险制度，对骗取包括医保基金在内的社会保险的违法行为规定了原则性处罚措施。2014年4月，全国人大常委会《关于〈中华人民共和国刑法〉第二百六十六条的解释》明确规定，以欺诈、伪造证明材料或者其他手

* 曹红虹，最高人民检察院普通犯罪检察厅副厅长、二级高级检察官；周颖，最高人民检察院普通犯罪检察厅主办检察官、三级高级检察官；李轩，最高人民检察院普通犯罪检察厅三级高级检察官助理。

段骗取养老、医疗、工伤、失业、生育等社会保险金或者其他社会保障待遇的，属于刑法第 266 条规定的诈骗公私财物的行为。2021 年，国务院专门发布《医疗保障基金使用监督管理条例》（以下简称《条例》），规范相关主体使用医保基金行为，并具体规定了不同主体违规使用医保基金的行政处罚措施。

根据国家医保局发布的统计，截至 2023 年底，全国基本医疗保险参保人数达 133386.9 万人，参保覆盖面稳定在 95% 以上。但随着医保基金覆盖面的不断扩大，相关监管风险点也随之增加。为遏制涉医保基金违法犯罪活动的高发多发态势，近年来，国家医保局牵头联合最高人民检察院、公安部、国家卫健委、财政部等部门共同开展医保领域打击欺诈骗保、违法违规使用医保基金等专项整治工作。实践中，此类案件呈以下特点：

一是涉医保基金犯罪案件呈高发多发态势。从发案趋势看，全国检察机关受理审查起诉人数在 2022 年迅速上升，2023 年人数与 2021 年基本持平，涉医保基金犯罪活动整体仍高发多发，打击治理依然任重道远。

二是涉医保基金犯罪罪名相对集中。从办理案件所涉罪名看，涉医保基金案件主要涉及诈骗，贪污，掩饰、隐瞒犯罪所得、犯罪所得收益等罪名，以诈骗罪为主。2023 年以诈骗罪起诉的人数占到全部涉医保犯罪人数的 86.5%。其中，有的案件案值大、跨区域、敏感复杂因素多。

三是涉案主体数量庞大，老年人占比高、部分主体较敏感。涉嫌犯罪主体包括参保人员、“药贩子”、药店经营者、医院负责人、医务人员等，部分主体涉及癌症等特殊病患，较为敏感、复杂。比如上海等地反映，高龄老年人医保账户报销比例高，法律意识较淡薄，存在侥幸心理，不少老年人在“药贩子”的诱骗下从“将吃剩下的药品进行贩卖”开始，发展到“违规超量配药”，最终升级为“按药贩子的需求配药、贩卖牟利”。

四是骗保手段多元化、隐蔽化，案件类型多样。当前医保诈骗案件新的犯罪手段层出不穷，一些骗保行为由台前转为幕后，手段更加隐蔽，造假更加专业。实践中，主要表现为虚假诊疗、虚开票据、串换药品耗材、篡改检测报告、倒卖药品医保卡“套现”、隐瞒工伤、车祸等非医保支付病种骗保等，涉及资格作假、病因作假、医疗文书作假、票据作假、异地治疗报销等诸多手法。

五是犯罪周期长，部分案件呈现“有组织化”“群体化”“链条化”特点。大部分涉案人员系多次、长期实施犯罪，串窝案多。部分案件存在相关医疗行业从业人员和社会人员内外勾结情况；部分系列案存在横向传导，在家庭、同事、邻里之间传授骗保伎俩，效仿速度快、呈现群体化；纵向呈现链条化、产业化迹象，医保药品倒卖类案件由药贩收药后再出售给下游医药销售单位，层层获益。部分地区有组织骗保成为重灾区，比如福建检察机关办理的案件中，部分民营医院或个人承包门诊部有组织地采用虚假诊疗、虚假住院、虚增耗材等方式骗取医保基金。

全国各级检察机关充分发挥检察职能作用，坚持以办案为抓手，发挥数字检察优势，依法严厉惩治各类医保领域欺诈骗保犯罪行为。在指导各地惩治各类医保骗保犯罪案件办理过程中，我们也发现一些医保骗保刑事案件存在对案件定性、证据标准、涉案金额认定、追赃挽损等重点难点问题的争议，需要进一步统一执法司法标准、指导实践，稳步推进打击惩治工作。基于此，最高法联合最高检、公安部共同制定《意见》，加强规范和指导、明确相关依据，回应各地司法办案需求。

二、《意见》的起草思路和总体要求

《意见》的起草主要坚持以下几项原则：一是坚持法治思维。深入贯彻习近平法治思想，坚持罪刑法定原则，强调严格依法办理医保骗保刑事案件，切实贯彻落实宽严相济刑事政策和认罪认罚从宽制度，确保办案效果。二是坚持问题导向。《意见》聚焦执法办案实践中存在的法律适用、定罪量刑、政策把握等疑难争议问题，明确相关规定，规范执法行为，统一司法尺度，确保法律正确实施。三是坚持系统治理。医保骗保行为危害性大、涉及面广，必须综合运用行政、经济、刑事手段予以惩治。为此，《意见》既规定在涉医保骗保刑事案件办理上，公检法等机关要强化协同配合，也要求执法司法机关要强化与医疗保障行政部门联动，形成工作合力，共同预防和打击医保骗保犯罪。

上述起草原则贯彻于《意见》起草工作和文本始终。针对依法办理医保骗保刑事案件，《意见》提出了三项总体要求：

1. 深刻认识依法惩治医保骗保犯罪、维护人民群众医疗保障合法权益的重大意义。我国医疗保障制度以坚持应保尽保、保障基本、覆盖全民为基础，但同时医疗保障水平也要与社会经济发展水平相适应，尽力而为、量力而行。因此，医保基金的使用应当符合国家规定的支付范围，不允许被骗取、套取，骗取医保基金侵害的是全社会参保公民遭遇医疗风险事故时得到相应医保基金给付以保障生命健康的权益，必须依法惩治。

2. 坚持严格依法办案。办理医保骗保刑事案件，应当坚持以事实为根据、以法律为准绳，坚持刑法、刑事诉讼法规定的罪刑法定、证据裁判、疑罪从无等原则。要按照“犯罪事实清楚，证据确实、充分”法定证明标准的要求，全面收集、固定、审查和认定证据，确保每一起医保骗保案件全面准确认定事实，正确适用法律，量刑适当，程序合法。在坚持严格依法办案的同时，还要全面贯彻宽严相济刑事政策，依法适用好认罪认罚从宽制度，对严重危害国家医疗基金安全、严重损害国家利益和人民群众医疗保障合法权益的犯罪分子，特别是共同犯罪或者犯罪集团中的首要分子、主犯、骨干等依法从严惩治；对犯罪情节一般、初犯、偶犯、从犯等，认罪态度较好，积极退赃退赔的，依法从宽，确保罪责刑相适应，做到该宽则宽，当严则严，宽严相济，罚当其罪，实现政治效果、法律效果和社会效果的统一。

3. 坚持分工负责、互相配合、互相制约。分工负责、互相配合、互相制约是宪法和刑事诉讼法规定的公检法三机关履职的基本原则。办理涉医保骗保犯罪案件，公检法之间要加强协作配合，在坚持分工负责、互相配合、互相制约原则的基础上，充分发挥侦查、起诉、审判职能作用，建立长效工作机制，形成工作合力，确保依法、及时、有效惩治医保骗保犯罪。要坚持以审判为中心，强化证据意识、程序意识、裁判意识，积极构建以证据为中心的刑事指控体系，形成大控方格局，同时充分发挥庭审在查明事实、认定证据、保护诉权、公正裁判中的决定作用，加强检察机关法律监督，确保严格执法、公正司法。

三、关于准确认定医保骗保犯罪

从依法惩治医保骗保犯罪实践看，医保骗保案件具有主体多、链条长、手段多样化等特征。比如涉及医疗保障经办机构、定点医药机构、参保人员、非参保人员等不同主体，相关行为涉及医疗诊治服务、医保结算、药品流通等多环节，需要对不同主体行为是否符合医疗保险基金管理使用规定进行判断，这就对罪与非罪、此罪与彼罪的区分产生影响。因此，《意见》第二章从实体认定上，对医保骗保刑事案件范围以及不同主体骗取医疗保障基金行为如何定罪处罚等问题予以明确。

（一）关于医保骗保犯罪案件范围

1. 医保骗保刑事案件定义

《意见》第4条第1款明确了什么是医保骗保刑事案件。医疗保障基金属于专款专用，任何组织和个人不得侵占和挪用。实践中，医保骗保的涉案主体较多，医疗保障经办机构、定点医药机构等单位及其工作人员和参保人员，均可能成为骗取医疗保障基金的主体。医保骗保欺骗手段形式多样，既有较轻的违规使用行为，也有较为严重的以虚构等“无中生有”方式实施骗取的犯罪行为，刑事手段主要针对构成犯罪的行为进行打击惩治。因此，《意见》采用概括归纳的方式，规定医保骗保刑事案件系采取欺骗手段，骗取医疗保障基金的犯罪案件，并在后续第5、6、7、8条等条文中分别列举不同主体常见多发的骗取方式及其认定。

2. 医疗保障基金范围

《意见》第4条第2款根据《条例》第2条和第49条，明确了医疗保障基金的范围，即医疗保障基金包括基本医疗保险（含生育保险）基金、医疗救助基金、职工大额医疗费用补助、公务员医疗补助、居民大病保险资金等。采取欺骗手段骗取上述范围医疗保障基金的犯罪案件均属于本意见规范的案件范围。

我国建立了以基本医疗保险为主体，商业健康保险、医疗救助、职工互助医疗和医疗慈善服务等为补充的、多层次的医疗保障体系。其中，基本医疗保险（含生育保险）基金和医疗救助基金均为政府主导、监管模式相同。前者主要包括职工基本医疗保险基金和城乡居民医疗保险（2017年新农合医疗已并入）基金，后者旨在为困难群体提供支持，减轻个人就医负担。除上述两类基金外，《意见》适用范围还包括了参照《条例》管理的职工大额医疗费用补助、公务员医疗补助、居民大病保险等补充医疗保险。因此，在办理具体案件过程中，需注意区分不同基金的来源及支付条件，准确认定被害主体和涉案金额。

3. 个人账户医保基金的认定

根据国务院《关于建立城镇职工基本医疗保险制度的决定》(以下简称《决定》)，医疗保险基金由统筹基金和个人账户构成。职工个人缴纳的基本医疗保险费，全部计入个人账户。用人单位缴纳的基本医疗保险费分为两部分：一部分用于建立统筹基金，另一部分划入个人账户。部分案件办理中，存在对违规冒用、盗窃参保人社保卡内个人账户医保基金行为的认定把握不准的情况。对此，需要把握两点：首先，要正确理解个人账户内医保基金所有权归属。《决定》规定，基本医疗基金纳入财政专户管理，专款专用，需遵守相关的规定，但同时也明确，个人账户的本金和利息归个人所有，可以结转使用和继承。因此，本质上个人账户医保基金的所有权仍属于公民个人。在案件定性和涉案金额认定时，要将医保基金个人账户医保基金使用与统筹账户内医保基金的使用予以区分，具体问题具体分析。如“行为人利用享受医疗保障待遇的机会转卖药品，接受返还现金、实物或者获利其他非法利益，构成诈骗罪”，但如果卡主本人使用个人账户资金购买药品后转卖不认定为诈骗罪。其次，国务院办公厅《关于建立健全职工基本医疗保险门诊共济保障机制的指导意见》第 2 条第 5 项规定了家庭成员共济原则。《意见》第 6 条第 2 款也明确了此项原则，即参保人员个人账户按照有关规定为他人支付在定点医疗机构就医发生的由个人负担的医疗费用，以及在定点零售药店购买药品、医疗器械、医用耗材发生的由个人负担的费用，不属于冒名就医、购药。如职工按规定办理了家庭成员共济，可以将医保卡内个人账户的余额为父母、配偶和子女用于就医开药，但仅限于个人账户内资金使用，这是符合相关政策要求的。如此就进一步明确了罪与非罪的界限，医保个人账户家庭成员共济的不属于医保骗保，这是我们在办理相关案件时需要把握好的原则。

（二）关于定点医药机构（单位）犯罪的认定

《意见》第5条规定了定点医药机构骗取医疗保障基金的认定。根据《条例》第7条第3款，定点医药机构包括医疗机构、药品经营单位。实践中，医疗机构或药品经营单位等有组织实施医保骗保的行为屡见不鲜，且部分具备违法所得归单位所有等单位犯罪的特征。但我国刑法对诈骗罪只规定了一般自然人主体，对于定点医疗机构等单位实施的医保骗保犯罪如何认定以及违法所得能否追缴亟待明确。

根据全国人民代表大会常务委员会《关于〈中华人民共和国刑法〉第三十条的解释》的规定，公司、企业、事业单位、机关、团体等单位实施刑法规定的危害社会的行为，刑法分则和其他法律未规定追究单位的刑事责任的，对组织、策划、实施该危害社会行为的人依法追究刑事责任。因此，《意见》明确，对于定点医药机构（医疗机构、药品经营单位）以非法占有为目的，骗取医疗保障基金支出构成犯罪的，应当对其组织、策划、实施人员以诈骗罪追究刑事责任，同时构成其他犯罪的，依照处罚较重的规定定罪处罚。

关于定点医药机构医保骗保的犯罪行为表现，《意见》第5条第1款根据《条例》第38条、第40条列举的定点医药机构违法情形，将定点医药机构骗保的行为表现细化为七项具体行为和一项兜底规定。这些具体行为均来源于实践中常见多发的医保骗保行为，主要有：一是诱导、协助他人冒名或者虚假就医、购药，提供虚假证明材料，或者串通他人虚开费用单据。诱导、协助他人冒名或者虚假就医、购药，是指以减免医疗保障费用、虚假宣传、免费体检或者赠送礼品、服务等方式吸引患者就医、购药的行为。二是伪造、编造、隐匿、涂改、销毁医学文书、医学证明、会计凭证、电子信息、检测报告等有关资料。三是虚构医药服务项目、虚开医疗服务费用。四是分解住院、挂床住院。所谓分解住院，是指医疗服务提供方为未达到出院标准的参保患者办理出院，并短时间内因同一种疾病或者相同症状再次办理入院，将参保患者应当一次住院完成的诊疗过程分解为二次及以上住院诊疗过程的行为。挂床住院，是指参保人员在住院期间长时间离开医院或实际未进行相关诊疗。五是重复收费、超标准收费、分解项目收费。重复收费，是指医疗提供方对某一诊疗服务项目反复多次收费的行为。超标准收费，是指医疗服务提供方对医疗服务的收费标准高于省区市相关部门规定的价格收费。分解项目收费，指医疗服务提供方将一个项目按照多项目收费标准收费的行为。六是串换药品、医用耗材、诊疗项目和服务设施。串换药品、医用耗材、诊疗项目和服务设施，是指不执行药品、诊疗项目、医用耗材、医疗服务设施的支付名称及价格标准，将医疗保障基金不予支付的医疗服务项目、药品、耗材等非目录内项目串换成医疗保障目录内的医疗服务项目、药品、耗材等进行报销，或者将低标准收费项目套入高标准收费项目结算。七是将不属于医疗保障基金支付范围的医药费用纳入医疗保障基金结算。八是其他骗取医疗保障基金支出的行为，这是兜底条款。

同时，为了依法保障医保基金安全，维护人民群众合法权益，《意见》第 5 条第 2 款就追缴定点医药机构违法所得作出明确规定，定点医药机构实施医保骗保犯罪，虽不能追究单位刑事责任，但依法应当追缴违法所得，为追赃挽损工作提供明确依据。

（三）关于个人实施医保骗保犯罪的认定

《意见》第5条第3款、第6条、第7条规定了不同类型主体的个人实施医保骗保犯罪如何认定。

1. 一般主体医保骗保犯罪的认定。《意见》第6条第1款对一般主体行为人的骗保行为作出规定，即行为人以非法占有为目的，实施《意见》规定的行为之一，骗取医疗保障基金支出的，依照刑法第266条的规定，以诈骗罪定罪处罚；同时构成其他犯罪的，依照处罚较重的规定定罪处罚。一般主体行为人，既包括参保人，还包括非参保人、定点医药机构的工作人员等。根据《条例》第17条、第19条、第20条规定列举的个人实施医保骗保行为类型，《意见》第6条第1款细化了五种常见骗保手段并设置了一项兜底条款：一是伪造、变造、隐匿、涂改、销毁医学文书、医学证明、会计凭证、电子信息、检测报告等有关资料。二是使用他人医疗保障凭证冒名就医、购药。三是虚构医药服务项目、虚开医疗服务费用。四是重复享受医疗保障待遇。重复享受医疗保障待遇是指，参保人员利用重复参保重复享受医疗保障待遇。实践中，一些跨省、跨制度的流动人员常常发生重复参保情况，表现为同一时间段内同一参保人员有两条及以上参保缴费状态正常的参保信息记录，但参保人员不能利用不同的参保信息重复报销。五是利用享受医疗保障待遇的机会转卖药品、医用耗材等，接受返还现金、实物或者获得其他非法利益。但也要注意实践中普遍存在的，参保人正常通过医保购买的药品自用，确实未用完，零散少量出售给他人的，一般不以诈骗论处。六是其他骗取医疗保障基金支出的行为。

2. 特殊主体医保骗保犯罪的认定。《意见》第5条第3款和第7条对具有国家工作人员身份的特殊主体利用职务便利实施的骗取医疗保障基金进行了明确规定。定点医药机构的国家工作人员、医疗保障行政部门及经办机构工作人员，均属于刑法第 92 条规定的“其他依照法律从事公务的人员”，应当以国家工作人员论。因此，其利用职务便利实施的骗取医疗保障基金支出的行为，依法应当以贪污罪定罪处罚。

（四）关于买卖、使用、盗窃他人医疗保障凭证并使用行为的认定

实践中，购买他人医疗保障凭证并使用或者盗窃他人医疗保障凭证并盗刷的情况时有发生。这些行为可能触犯买卖身份证件罪、使用虚假身份证件罪、盗窃罪、诈骗罪等多个罪名，需要司法机关准确定性。《意见》第 8 条结合司法实践情况，对此作出了规定。

第 1 款规定“以骗取医疗保障基金为目的，购买他人医疗保障凭证（社会保障卡等）并使用，同时构成买卖身份证件罪、使用虚假身份证件罪、诈骗罪的，以处罚较重的规定定罪处罚”。医疗保障凭证具有身份凭证、信息记录、自助查询、医疗保障结算、缴费及待遇领取、办理医疗保障业务等功能。根据刑法第 280 条第 3 款、第 280 条之一，医疗保障凭证属于刑法规定的“身份证件”。以骗取医疗保障基金为目的，买卖、使用他人医疗保障凭证，同时构成买卖身份证件罪、使用虚假身份证件罪、诈骗罪的，属于想象竞合，应当从一重罪处罚。

第 2 款规定了盗用他人医疗保障凭证的行为认定。基于医保个人账户资金属于个人所有的原则，盗刷个人账户资金的实质是秘密窃取他人社会保障卡内的已有资金。为进一步保护个人医保账户资金安全，《意见》明确，盗窃他人医疗保障凭证，并盗刷他人个人医保账户资金的，按照盗窃罪处理。同时，因社保卡在储存医保基金的同时兼具金融储蓄功能，可根据需要储存非医保基金。根据刑法第 196 条第 3 款的规定，盗窃信用卡并使用的，依照刑法第 264 条的规定定罪处罚。因此，盗窃社会保障卡并使用的，不论是使用其社保个人账户资金还是非社保账户的其他资金，都应认定为盗窃罪。

此外，对于拾得他人社会保障卡并盗刷他人个人医保账户资金的行为，因认识尚不统一，此次意见没有作出规定。最高人民检察院《关于拾得他人信用卡并在自动柜员机（ATM机）上使用的行为如何定性问题的批复》将拾得并盗刷信用卡的行为定性为冒用信用卡方式的信用卡诈骗罪。而最高法《刑事审判参考》第1393号陈华增等盗窃案，将陈华增拾得他人医保卡，并在药店盗刷卡内个人医保账户资金的行为认定为盗窃罪。我们认为，对此类行为实践中还是要具体问题具体分析。一般而言，盗窃并使用社保卡内个人账户资金的属于盗窃，拾得社保卡虽然主观恶性要低于盗窃社保卡，但其时社保卡内个人账户的资金所有权仍属于社保卡原本持有人，个人账户资金也未转移占有，因此，拾得并盗刷社保卡内个人账户资金认定为盗窃罪更为适当。但由于社保卡还具备一般的银行储蓄功能，如果拾得他人社保卡后，使用社保卡内非医保银行资金账户，进行消费、取现等，在此意义上，社保卡内银行账户由银行独立管理、独立运行，与普通的银行卡并无区别，定信用卡诈骗罪更为适宜。

（五）关于涉医保骗保掩饰、隐瞒犯罪所得罪主观明知的认定

实践中，倒卖医保“回流药”是较为突出的一种侵犯医保基金的犯罪。部分参保人超出实际需求从医疗机构虚开医保药品，将药品卖给药贩子，药贩子层层倒手又卖给药店，实现药品在医保内的再循环，骗取巨额医疗保障基金。这类犯罪呈现出层级化、组织化、链条化的特征。为从源头上遏制此类犯罪，“两高”《关于办理危害药品安全刑事案件适用法律若干问题的解释》第13条第1款规定，明知系利用医保骗保购买的药品而非法收购、销售，金额5万元以上的，应当依照刑法第312条的规定，以掩饰、隐瞒犯罪所得罪定罪处罚；指使、教唆、授意他人利用医保骗保购买药品，进而非法收购、销售，符合刑

法第266条规定的，以诈骗罪定罪处罚。对于第1款规定的主观明知如何判断，该条第3款规定，应当根据药品标志、收购渠道、价格、规模及药品追溯信息等综合认定。虽已有上述解释规定，但实践中在办理此类案件时，由于此类犯罪具有层层转卖特征，且收药对象（参保人）具有广泛性、不确定性、流动性，收药人具备逃避侦查打击经验，经常现金交易或者及时删除手机交易记录，导致多数情况下无法完成对作为交易对象病患的完全取证，难以明确收购、销售人员主观上明知交易的药品系病患通过超量开药等方式骗取的医保药品，导致侦查打击不力。

考虑到国家对药品实行特殊经营许可，并设定了严格的监督管理流程，而倒卖“回流药”药贩已具备职业性特征，其非法买卖药品行为明显异于正常销售药品行为。为实现对医保骗保犯罪全链条打击，《意见》第9条在总结实践经验基础上对涉医保骗保掩饰、隐瞒犯罪所得罪的认定作出规定，特别是对如何认定主观明知进一步明确。

第9条第1款重申刑法和相关司法解释的规定，即“明知利用医保骗保购买的药品而非法收购、销售的，依照刑法第三百一十二条和相关司法解释的规定，以掩饰、隐瞒犯罪所得罪定罪处罚；指使、教唆、授意他人利用医保骗保购买药品，进而非法收购、销售，依照刑法第二百六十六条的规定，以诈骗罪定罪处罚”。第2款就对非法收购、销售药品行为的定罪处罚是否以医保骗保卖药行为人被追究刑事责任为前置要件作出规定，即“利用医保骗保购买药品的行为人是否被追究刑事责任，不影响对非法收购、销售有关药品的行为人定罪处罚”。

第9条第3款对如何认定主观明知作出规定。首先，认定主观明知的一般原则。司法机关应当根据药品标志、收购渠道、价格及药品追溯信息等综合认定。其次，推定明知的情形。是否明知属于行为人的主观意识范畴，实践中往往较难把握和认定。司法办案中，除行为人主动供述其主观明知外，更多地需要通过客观行为来推定证明其主观明知。推定规则在主观明知类犯罪中的运用也为理论界和实务界所认可。对此，第 3 款规定了六种推定主观明知的情形：一是药品价格明显异于市场价格的；二是曾因实施非法收购、销售利用医保骗保购买的药品，受过刑事或行政处罚的；三是以非法收购、销售基本医疗保险药品为业的；四是长期或多次向不特定交易对象收购、销售基本医疗保险药品的；五是利用互联网、邮寄等非接触式渠道多次收购、销售基本医疗保险药品的；六是兜底条款，即其他足以认定行为人主观明知的。鉴于“两高”《关于办理危害药品安全刑事案件适用法律若干问题的解释》第 13 条中规定的医保诈骗中掩饰、隐瞒犯罪所得罪 5 万元的数额标准，已远远高于普通掩饰、隐瞒犯罪所得罪的数额标准，因此，一般而言具有正常药品经营行为的人或普通病患的偶发性转让药品行为已被排除在犯罪之外。需要注意的是，上述六种情形均是推定主观明知，而证明规则中推定规则作为正向证明的例外情形，其运用并非无限的，必须受到严格限制。为此，第 9 条第 3 款在规定推定明知的六种情形的同时，强调行为人能说明药品合法来源或作出合理解释的除外，从而确保不枉不纵，在依法严格惩处犯罪的同时，严格审慎把握入罪标准。如某地办理的马某某等人掩饰、隐瞒犯罪所得案，马某某等人于 2018 年起通过收集写有收药信息小卡片的方式，联系上游收药人收购医保骗保药品，后加价出售给下游收药人或药店。为证明马某某的主观故意，检察机关逐一查看被告人与上家的微信聊天记录，发现其收药时间跨度长、次数频繁、种类庞杂、上家众多，并以此为业，从中牟利。同时，根据上家开药人的开药单据显示每次开的药品数量多、品类不同，用于治疗的疾病也不同，不符合正常人用医保开药的方式，且收购药品的价格远低于市场价，微信聊天记录也能证明收药人收购的渠道主要面向老年人用医保报销的药品。最终综合证据推定收药人主观上明知这些药是低价的医保报销药而予以收购进而销售。

四、关于依法惩处医保骗保犯罪

办理医保骗保犯罪案件，应当全面贯彻落实宽严相济刑事政策，加强全链条打击，根据犯罪的具体情况，区分情况、区别对待，做到该宽则宽，当严则严，宽严相济，罚当其罪。《意见》第三部分第10条至第14条重点对依法惩处医保骗保犯罪，落实好宽严相济刑事政策作出具体规定。

（一）关于惩治的重点

医保骗保犯罪侵犯人民群众的看病钱、救命钱，性质恶劣、后果严重。此类案件的总体处理原则是依法从严惩治。《意见》第10条对此予以规定，具体要把握以下几点：一是突出重点，依法从严惩处。对医保骗保犯罪应当总体从严，特别对幕后组织者、职业骗保人等应当重点打击，即使具有退赔退赃、认罪认罚等从宽情节的，也要从严把握从宽幅度。二是准确把握从重处罚情形。具体包括：（1）组织、指挥犯罪团伙骗取医疗保障基金的；（2）曾因医保骗保犯罪受过刑事追究的；（3）拒不退赃退赔或者转移财产的；（4）造成其他严重后果或恶劣社会影响的。上述情形行为人主观恶性、犯罪情节和后果相较更为恶劣和严重，依法有从重处罚的必要，实践应当注意把握。

（二）关于全链条惩治

医保骗保犯罪并非孤立发生，其中可能涉及其他犯罪线索，比如洗钱、侵犯公民个人信息等犯罪线索，更有甚者在团伙作案中可能涉黑恶、背后有“保护伞”等。因此，有必要加强全链条惩治，确保惩治实效。《意见》第11条对此作出明确规定。根据该条，办理医保骗保案件，应当同步审查洗钱、侵犯公民个人信息等犯罪线索，经调查核实，构成犯罪的，应当依法予以追诉。同时要结合常态化开展扫黑除恶斗争，注重发现和识别医保骗保团伙中可能存在的黑恶势力，深挖医保骗保犯罪背后的腐败和“保护伞”，并坚决依法严惩。

（三）关于从重和从宽的具体把握

在对医保骗保犯罪依法从严惩处的同时，也要注意到由于骗取医保基金案件具有涉案主体数量庞大的特点。实践中，骗保的老年人、患者占有一定比例，部分倒卖“回流药”案件中，职业收卡人、收药人引诱部分贪图小利的参保人实施多开药品转卖的行为也较为多见。因此，一方面要坚持依法从严惩治，另一方面也要注意对医保骗保行为进行实质审查、综合判断，是否应当追究刑事责任以及如何予以惩处，应当注重运用宽严相济刑事政策，区分情况，区别对待，防止打击面过大或者“一刀切”处理，影响惩治的效果。《意见》第12条对此作出了明确规定，第1款强调应当实质审查判断是否追究刑事责任。实践中，医保骗保行为形式多样，违法程度不一，后果和影响也各不相同。因此，对实施医保骗保行为人是否追究刑事责任，应当综合骗取医疗保障基金的数额、手段、认罪悔罪、退赃退赔等案件具体情节，依法决定。重点需要把握以下两点：一是准确区分罪与非罪、违法与犯罪。医保骗保行为实践中表现形式多样，并非所有类似行为都构成犯罪。实践中，应当结合行为手段、行为后果等准确认定是一般违法违规行为还是犯罪行为。对一般的违法违规行为或者情节显著轻微危害不大的行为，应当坚守法治原则，不认为是犯罪，可以通过行政手段予以规制。二是对构成犯罪的，准确把握追诉的必要性。对于医保骗保行为构成犯罪的，还需要结合犯罪行为性质、社会危害性等罪中情节，以及认罪认罚、退赃退赔等罪后情节，决定是否给予宽缓的处理。比如，对犯罪情节轻微，犯罪嫌疑人、被告人认罪认罚，积极退赃退赔，依法不需要判处刑罚和免除处罚的，可以不起诉或者免除处罚。

关于共同犯罪涉案人员的处理。对共同犯罪，宽严相济刑事政策要求区分各行为人在共同犯罪中的地位、作用、具体行为等区别对待、区别处理。这是我国刑事诉讼中办理涉案人员众多的共同犯罪或者集团犯罪的一般原则，办理医保骗保犯罪案件也同样适用。第 12 条第 2 款明确规定，对于涉案人员众多的，要根据犯罪的事实、犯罪的性质、情节和对于社会的危害程度，以及在共同犯罪中的地位、作用、具体实施的行为区别对待、区别处理。具体而言：一是对于涉案不深的初犯、偶犯从轻处罚，对认罪认罚的医务人员和患者可以从宽处罚，其中，犯罪情节轻微的，可以依法不起诉或者免除处罚。二是对情节显著轻微、危害不大的，不作为犯罪处理。实践中，对情节较轻的从宽处理，适用得相对较多，但对情节显著轻微的判断不够重视、把握不准的情况较为普遍，导致极少适用。这也反映出执法司法人员注重刑法分则适用而忽视总则的问题，特别是对总则第 13 条但书条款把握不好，需要我们在办理涉案人员众多的医保骗保犯罪时特别注意。

（四）关于缓刑的适用

对犯罪情节较轻，可能判处 3 年有期徒刑以下刑罚，符合缓刑适用条件的骗保犯罪分子，依法适用缓刑是对其从宽处理的重要体现之一。《意见》第 13 条对此作出规定，重点把握以下三点：一是司法机关应当综合考虑犯罪情节、悔罪表现、再犯罪的危险以及宣告缓刑对所居住社区的影响，依法作出决定。对符合缓刑适用条件的，人民检察院可以依法提出适用缓刑的量刑建议，人民法院可以依法适用缓刑。二是准确把握不适用缓刑的情形。为进一步维护医保基金安全，结合犯罪情况和预防再犯罪的需要，对犯罪集团的首要分子、职业骗保人、曾因医保骗保犯罪受过刑事追究，毁灭、伪造、隐藏证据，拒不退赃退赔或者转移财产逃避责任的，一般不适用缓刑。医疗保障基金关乎基本的国计民生，上述人员主观恶性较深、社会危险性较大，应当加大惩治力度，严格限制缓刑适用。三是考验期内的从业禁止令。根据刑法的相关规定，第13条明确对宣告缓刑的犯罪分子，根据犯罪情况，可以同时禁止其在缓刑考验期限内从事与医疗保障基金有关的特定活动。

（五）关于财产刑的适用

为了提高医保骗保犯罪成本，从经济上严厉制裁犯罪分子，有必要充分适用财产刑。《意见》第14条对此作出规定。一是财产刑适用的原则。办理医保骗保犯罪案件，财产刑适用的总体原则就是要依法用足用好，加大罚金、没收财产力度，从而实现提高犯罪成本，从经济上严厉制裁的目的。二是罚金数额的确定。关于罚金数额的确定，最高人民法院《关于适用财产刑若干问题的规定》第2条规定，人民法院应当根据犯罪情节，如违法所得数额、造成损失的大小等，并综合考虑犯罪分子缴纳罚金的能力，依法判处罚金。《意见》明确规定，应当综合考虑犯罪数额、退赃退赔、认罪认罚等情节决定罚金数额。同时，《条例》第37条至第40条对相关医保骗保违法行为规定了罚款数额标准，实践中检察机关可以参照其标准提出罚金数额建议。

五、关于证据的收集、审查和判断

医保骗保犯罪往往涉及环节较多、手段隐蔽、资金流向复杂，这给证据的收集、审查和判断提出较高要求。证据收集是否到位，审查是否全面细致，认定判断是否准确，直接关乎此类案件办理的质量。《意见》第四部分重点对公安机关、人民检察院、人民法院收集、审查和判断证据提出要求。

（一）关于侦查取证

医保诈骗的发案特点决定了此类案件往往存在取证难的问题。侦查取证是办理此类案件的起点和基础。《意见》第 15 条对侦查取证要求作出明确规定。根据该条，公安机关应当结合医保诈骗刑事案件链条长、隐蔽深、取证难的特点，加强调查取证工作，围绕医保骗保犯罪事实和量刑情节收集固定证据，尤其注重收集和固定处方、病历等原始证据材料及证明实施伪造骗取事实的核心证据材料，深入查明犯罪事实，依法移送起诉。对重大、疑难、复杂和社会影响大、关注度高的案件，必要时可以听取人民检察院的意见。

（二）关于构建以证据为中心的刑事指控体系

刑事指控连接侦查与审判，构建以证据为中心的刑事指控体系，对医保骗保刑事案件的高质效办理尤为重要。通过指控体系的构建，夯实案件证据基础，形成完备的指控体系，是庭审指控成功的关键。《意见》第 16 条对检察机关履行法律监督职责，构建以证据为中心的指控体系作出明确规定。需要重点把握以下几点：一是加强对医保骗保刑事案件的提前介入、引导侦查工作。对重大案件检察机关介入侦查引导取证是构建以证据为中心的刑事指控体系的重要内容，其最直接的效用就是第一时间将以审判为中心的证据裁判标准传导到侦查阶段，帮助侦查机关更加及时有效收集证据，防止因时过境迁导致关键证据无法收集，影响案件质量。这项机制已经成为全国各地检警办理重大案件稳定成熟的做法和常态。办理医保骗保刑事案件，特别是对重大、疑难、复杂和社会影响大、关注度高的案件，检察机关应当加强提前介入引导侦查取证工作，形成大控方格局，促进完善证据体系，夯实案件质量基础。二是加强立案监督工作。检察机关既要加强对该立案不立案的监督，又要注重加强对不该立案而立案的监督。对前者，认为符合立案条件的，依法通知公安机关立案。对后者，应当加强审查，注重区分罪与非罪、违法与犯罪，对不构成犯罪的，依法监督公安机关撤案。三是加强证据审查。构建以证据为中心的刑事指控体系要求检察机关发挥好审前把关和过滤的重要作用。加强对侦查机关移送证据的审查，认为需要补充证据的，依法退回公安机关补充侦查，必要时，也可以自行补充侦查。经两次退回补充侦查，仍然事实不清、证据不足的，依法作出存疑不起诉决定。

（三）关于审判阶段的证据审查

人民检察院指控的事实和证据，最终需要经过庭审的检验，方能成为定案的根据。《意见》第17条对审判阶段的证据审查和判断作出规定。根据该条，人民法院应当强化医保骗保刑事案件证据的审查、判断，综合运用证据，围绕与定罪量刑有关的事实情节进行审查、认定，确保案件事实清楚，证据确实、充分。认为需要补充证据的，应当依法建议人民检察院补充侦查。

（四）关于行政执法部门收集证据的使用

刑事诉讼法第54条对行政执法办案证据的使用作出规定，即行政机关在行政执法和查办案件过程中收集的物证、书证、视听资料、电子数据等证据材料，在刑事诉讼中可以作为证据使用。《条例》规定了医疗保障行政部门执法监督和调查权。因此，《意见》第18条进一步明确医疗保障行政部门收集的证据在刑事诉讼中的证明效力。医疗保障行政部门在监督检查和调查中收集的物证、书证、视听资料、电子数据等证据材料，经法庭查证属实，且收集程序符合有关法律、行政法规规定的，可以作为定案的根据。

（五）关于人数众多案件证据收集的特殊规则

实践中有的医保骗保犯罪案件涉及众多证人，特别是大量参保人证人，因客观原因限制，有的参保人无法找到或已经死亡，客观上难以逐一收集证人证言。针对这一难题，借鉴其他类似证人人数众多案件证据收集规则，《意见》第 19 条对证人人数众多的医保骗保犯罪案件证人证言如何收集作出规定。根据该条，办理医保骗保刑事案件，确因证人人数众多等客观条件限制无法逐一收集证人证言的，可以结合已收集的证人证言，以及经查证属实的银行账户交易记录、第三方支付结算凭证、账户交易记录、审计报告、医保信息系统数据、电子数据等证据，综合认定医保骗保案件诈骗数额。

（六）关于涉案财产的审查处理

查封、扣押、冻结作为对“物”的强制性侦查措施，因涉及宪法规定的保护公民合法私有财产这一基本人权，应当依法进行。实践中，滥用查扣冻等强制性侦查措施插手经济纠纷的问题时有发生，不区分合法财产与非法财产，超权限、超范围、超数额、超时限查封、扣押、冻结等不规范或违法现象不同程度存在。因此，办理医保骗保犯罪案件，应当依法适用查封、扣押、冻结等强制性侦查措施，防止因该类措施不当严重侵犯当事人合法权益、损害司法公正。《意见》第 20 条对此作出规定。需要注意以下三点：一是严格依法进行。查封、扣押、冻结涉案财产必须严格依照法定权限、法定程序、法定范围，在法定时限内进行，与案件无关的财物，不得查封或者扣押。二是注重涉案财产证明。是否涉案财产，需要有相关证据证明。公安机关、人民检察院、人民法院对依法查封、扣押、冻结的涉案财产，应当全面收集、审查证明其来源、性质、用途、权属及价值大小等有关证据，根据查明的事实依法处理。经查明确实与案件无关的，应当在3日以内解除查封或者予以退还。三是依法提出处理意见。公安机关、人民检察院应当对涉案财产审查甄别。在移送起诉、提起公诉时，应当对涉案财产提出处理意见。

（七）关于犯罪所得的追缴

根据刑法第64条的规定，犯罪分子违法所得的一切财物，应当予以追缴或者责令退赔。办理医保骗保刑事案件，应当依法落实好刑法关于犯罪所得追缴的规定。《意见》第21条对此再次强调并规定相应追缴规则。一是总体原则。即对行为人实施医保骗保犯罪所得一切财物，应当依法追缴或者责令退赔。二是等值追缴原则。实践中存在违法所得去向不明、已经灭失或者与合法财产混合不可分割等情况，此类情况下，《意见》明确了等值追缴原则。即确有证据证明存在依法应当追缴的财产，但无法查明去向，或者价值灭失，或者与其他合法财产混合且不可分割的，可以追缴等值财产或者混合财产中的等值部分。需要注意的是，等值财产的追缴数额应当限于依法查明应当追缴违法所得数额，对已经追缴或者退赔的部分应予扣除。三是违法所得证据调取。对需要追缴的违法所得或者等值财产，公检法机关应当全面收集、调取证据予以证明。

（八）关于追赃挽损工作

医保骗保犯罪给国家医疗保障基金安全带来严重危害，追赃挽损工作至关重要，直接影响此类案件办理效果。《意见》第22条对医保骗保刑事案件追赃挽损工作作出规定。一是全过程追赃挽损。公安机关、人民检察院、人民法院应当把追赃挽损贯穿办理案件全过程和各环节，全力追赃挽损，做到应追尽追。二是相互配合，形成追赃挽损合力。人民法院在执行涉案财物过程中，公安机关、人民检察院及有关职能部门应当配合，切实履行协作义务，综合运用多种手段，做好涉案财物清运、财产变现、资金归集和财产返还等工作，最大程度减少医疗保障基金损失，最大限度维护人民群众利益。

六、关于建立健全协同配合机制

医保骗保犯罪的查处，前端涉及医疗保障行政部门，中后端主要涉及公检法三机关履职。因此，加强司法机关与行政执法机关协作配合，特别是健全刑行衔接机制，形成行政执法与刑事司法的合力，有助于医保骗保刑事案件的高质效办理。《意见》第五部分对建立健全协同配合机制，共同惩治医保骗保犯罪作出规定。

（一）关于行政执法与刑事司法的双向衔接

行政执法与刑事司法双向衔接机制包括正向衔接和反向衔接。正向衔接主要涉及行政执法部门的线索移交、配合调取证据等，反向衔接主要涉及司法机关不予追究刑事责任的人，依法移交行政部门给予相应行政处分。《意见》第23条对医保骗保行政执法与刑事司法双向衔接作出规定。一是受邀对重大案件提出意见。医疗保障行政部门在调查医保骗保行为或者行政执法过程中，认为案情重大疑难复杂，如果商请公安机关、人民检察院对追诉标准、证据固定等问题提出咨询意见或者参考意见的，公安机关、人民检察院应当及时提出意见。二是犯罪线索调查。医疗保障行政部门应当及时移送涉医保骗保犯罪线索，对移交的犯罪线索，公安机关应当及时调查，必要时可以请相关部门予以协助并提供相关证据材料，对涉嫌犯罪的及时立案侦查。医疗保障行政部门或者有关行政主管部门及医药机构应当积极配合办案机关调取相关证据，做好证据的固定和保管工作。三是反向衔接。公安机关、人民检察院、人民法院对不构成犯罪、依法不起诉或者免予刑事处罚的医保骗保行为人，需要给予行政处罚、政务处分或者其他处分的，应当依法移送有关主管机关处理。

（二）关于刑事司法与行政执法协作配合机制

办理医保骗保刑事案件，公检法三机关应当加强协作配合，《意见》第24条对此作出规定。一是健全各环节协作配合工作机制。公安机关、人民检察院、人民法院与医疗保障行政部门要加强协作配合，健全医保骗保犯罪案件前期调查、立案侦查、审查起诉、审判执行等工作机制，完善线索发现、核查、移送、处理和反馈机制，加强对医保骗保犯罪线索的分析研判，及时发现、有效预防和惩治犯罪。二是建立信息共享机制。信息共享对及时发现和惩治医保骗保犯罪具有重要意义。公安机关与医疗保障行政部门应当加快推动信息共享，构建实时分析预警监测模型，力争医保骗保问题“发现在早、打击在早”，最大限度减少损失。

（三）关于专门知识的人提供专业意见

医保骗保刑事案件办理中可能会涉及有关医学专业资料审查、资金损失核查等医学、财会专业领域问题，此时，有必要请相关专业人员提供专业意见。《意见》第25条对医疗保障行政部门指派专业人员就案件专业问题提出专业意见作出规定。根据该条，公安机关、人民检察院、人民法院在办理医保骗保刑事案件时，可以商请医疗保障行政部门或者有关行政主管部门指派专业人员配合开展工作，协助查阅、复制有关专业资料或者核算医疗保障基金损失数额，就案件涉及的专业问题出具认定意见。涉及需要行政处理的事项，应当及时移送医疗保障行政部门或者有关行政主管部门依法处理。

（四）关于延伸职能

维护医疗保障基金安全是全社会的共同责任。公检法三机关应当通过对医保骗保犯罪的惩治，引领全社会形成维护医疗保障基金安全的良好氛围，并向前延伸职能，对惩治犯罪中发现的行政管理漏洞，及时建议行政机关建章立制，从源头上遏制医保骗保行为发生。《意见》第26条对延伸司法职能作出规定。一方面，通过办案加强普法宣传。公安机关、人民检察院、人民法院应当根据情况适时发布典型案例、开展以案释法，加强法治宣传教育，推动广大群众知法、守法，共同维护医疗保障基金正常运行和医疗卫生秩序。另一方面，充分运用“三书一函”助力医保骗保违法犯罪系统治理。应当结合办理案件发现医疗保障基金使用、监管等方面存在的问题，向有关部门发送提示函、检察建议书、司法建议书，并注重跟踪问效，建立健全防范医保骗保违法犯罪长效机制，彻底铲除医保骗保违法犯罪的滋生土壤。

Shiwu Yanjiu

实务研究

我国侦查辨认的实践检视与制度完善

纪丙学*

引 言

侦查辨认在侦查活动中被高度重视，因为它能为确定侦查方向、指证犯罪嫌疑人提供重要线索、证据。但同时由于其在实践中问题频出，甚至导致司法机关错误认定事实出现冤错案件，亦使其饱受诟病。

侦查辨认，包括辨认活动和记录辨认活动的辨认笔录两个环节，即内容是辨认活动，形式或者载体是记录辨认活动的笔录。2012 年我国刑事诉讼法修改，首次规定辨认笔录为独立的证据种类。此前，辨认笔录并没有作为独立的证据种类，而是附随于辨认人，作为辨认人言词证据的补充。遗憾的是，刑事诉讼法没有对辨认活动和辨认笔录作出细化规定。对辨认活动和辨认笔录的规定，主要体现在最高人民检察院《人民检察院刑事诉讼规则》（以下简称《刑事诉讼规则》）、最高人民法院《关于适用〈中华人民共和国刑事诉讼法〉的解释》（以下简称《刑诉法的解释》）和公安部《公安机关办理刑事案件程序规定》（以下简称《办案程序规定》）中。上述司法解释和规定确立了部分辨认规则，规定了辨认笔录的制作要求，强调了对辨认证据的审查和认定，对规范和指导侦查辨认具有重要意义。但由于上述规定对侦查辨认的内涵界定不够全面，缺少基本遵循的归纳，现有辨认规则规

* 纪丙学，最高人民检察院普通犯罪检察厅办公室主任、一级高级检察官助理。

定相对粗疏，甚至缺失部分规则，实践中执行不到位，导致司法人员对辨认笔录证据爱恨交织。

我国近些年来发生的佘祥林、赵作海、杜培武等冤错案件大多与错误辨认有关。因此，有必要深入探究侦查辨认的基本内涵和原则，分析我国侦查辨认中存在的突出问题，进而健全我国侦查辨认制度、规范侦查辨认的司法实践。

一、侦查辨认的内涵和基本原则

（一）侦查辨认的内涵

制度层面，我国《刑事诉讼规则》《办案程序规定》均规定了侦查辨认。学理上，不同学者的具体表述略有不同[①]，但对侦查辨认的基本内涵理解上基本一致，即侦查过程中，在侦查人员的主持下，由被害人、证人、犯罪嫌疑人对与犯罪有关的物品、文件、尸体或者场所，或者由被害人、证人对犯罪嫌疑人，或者由犯罪嫌疑人对其他犯罪嫌疑人进行辨识的一种侦查措施。

上述规范和学理归纳将侦查辨认的内涵更多界定在辨认活动的范畴内，却忽略了辨认笔录。如果没有记录辨认活动的辨认笔录，辨认

---

① 刑事辨认是侦查机关为查明案情或审查犯罪嫌疑人而组织安排的有关人员对与案件有关的人、物、场所进行识别的一种措施。（参见徐立根：《侦查学》，中国人民大学出版社1991年版，第136页。）刑事辨认作为一项常规的侦查措施，是指侦查机关为了查明案情，组织有关人员对与案件有关的人、物、场所等进行识别、认证的活动，其本质是同一认定的过程。（参见郭晓彬：《侦查策略与措施》，法律出版社2000年版，第65页。）侦查辨认，是指在侦查人员的主持下由证人、被害人及其他有关人员对犯罪嫌疑人及与案件有关的物品、尸体或场所进行的识别指认活动。[参见杨殿升等：《刑事侦查学》（第二版），北京大学出版社2001年版，第166页。]

活动将无从体现。同样，辨认笔录作为“笔录证据”[①]，也要以如实记录辨认活动为使命，二者不可偏废。因此，笔者认为，侦查辨认的内涵应当归纳为，侦查过程中，在侦查人员主持下，由被害人、证人、犯罪嫌疑人对与犯罪有关的物品、文件、尸体或者场所，或者由被害人、证人对犯罪嫌疑人，或者由犯罪嫌疑人对其他犯罪嫌疑人进行辨识后，由侦查人员记录辨认活动过程，形成辨认笔录的一种侦查措施。

第一，侦查辨认主要在侦查阶段开展，以区别于法庭审理阶段的辨认和先行拘留时被害人和目击证人的指认。首先，法庭审理阶段的辨认属于质证活动，而侦查辨认是一种侦查措施，属于证据收集、固定活动。法庭辨认的对象限于物证，对被告人的当庭辨认一般是不允许的。如英国强调，不能在审判时对坐在被告席的被告进行首次辨认。[②]其次，侦查辨认也有别于指认。我国刑事诉讼法规定的被害人或者目击证人对现行犯或者重大嫌疑分子的指认虽然也是一种辨识活动，但与侦查辨认在主体、对象、范围和法律效果上区别较大。指认的主体是被害人、目击证人，指认的对象是现行犯或者重大嫌疑分子，适用范围也只是用于拘留的强制措施。

第二，侦查辨认由侦查人员主持。《刑事诉讼规则》规定的辨认主持人虽为“检察人员”，但所指的辨认也是检察机关在侦查活动中开展。从国外立法例看，只有个别国家，如意大利规定可以由法官启动、组织辨认活动。

第三，辨认活动的主体是被害人、证人、犯罪嫌疑人，辨认方式是视觉辨认。我国立法没有规定能否对声音进行辨认。实践中对声音

① 陈瑞华：《论刑事诉讼中的过程证据》，载《法商研究》2015 年第 1 期。

② 参见［英］克里斯托弗·艾伦：《英国证据法实务指南》，王进喜译，中国法制出版社 2012 年版，第 220 页。

的同一性认定，主要通过技术手段，如声纹鉴定进行比对。虽也有国家承认声音辨认，但采取了非常谨慎的态度。如英国，在2010年的R. V. Tamiz一案中，法院认为，法官在评价声音辨认证据时必须认识到，声音辨认要比视觉辨认困难，而且供辨认的声音材料的质量、对比的声音材料录制的时间间隔，以及辨认者的能力、对参照的声音的熟悉程度等都会影响辨认的可信性。所以，法院指出，如果就声音辨认存在争议，不应当在没有专家证据之帮助的情况下，要求陪审团就录音带声音进行比对。[①]

第四，侦查辨认的对象为人身、物品、文件、尸体和场所。对人身的辨认主要是对犯罪嫌疑人的辨认，即通过辨认确定是否可以锁定犯罪嫌疑人。实践中，有的侦查人员会组织犯罪嫌疑人或证人对被害人进行辨认。但出于对被害人的保护、避免二次伤害，笔者认为，人身辨认不宜对被害人开展。对物品、文件的辨认主要是对赃款、赃物、作案工具、现场遗留物品等的辨认，通过辨认发现犯罪线索、确定重要证据。对尸体的辨认主要是对无名尸体辨认，通过辨认确定死者身份。对场所的辨认主要是通过辨认确定案发现场。

第五，侦查辨认必须以辨认笔录的方式予以体现。辨认活动和辨认笔录密不可分。辨认活动只有呈现为辨认笔录才具有证据意义，而且辨认笔录要全面、客观地反映辨认活动。

（二）侦查辨认的基本原则

侦查辨认，本质上属于人的记忆活动。根据心理学的基本原理，记忆是人脑对经验过的事物的识记、保持、再现或再认，它是进行思

---

① 参见齐树洁主编：《英国证据法》（第二版），厦门大学出版社2014年版，第234—235页。

维、想象等高级心理活动的基础。[①] 所以，侦查辨认也要遵循识记、保持、再现或再认的规律。

第一，要遵循辨认的有限性，即判断有没有辨认可能。影响辨认人识记的因素是多方面的，有辨认人自身的因素，如年龄、经历、身体状况，也有辨认对象的因素，如人身特征、衣着特征，还有客观因素，如光线、距离、角度、辨认人与辨认对象接触时间等，每一个因素都会影响辨认人的识记效果。因此，侦查人员在拟组织辨认时，要预先询问、讯问辨认人能否辨认，同时要充分考虑上述因素，综合决定是否具备辨认条件，避免主观臆断、盲目组织辨认。

第二，要遵循辨认的及时性，即对具备辨认条件的，要及时组织辨认。心理学家艾宾浩斯提出著名的“艾宾浩斯曲线记忆”，如果个体在“识记的最初阶段”没有进一步强化识记内容，就不能较好地保持识记量和识记内容的准确性。[②] 而且，由于信息“并不是一个个散乱着的，而是互相有联系地留在人的头脑中”[③]，后来接触的信息就可能对原来的信息产生干扰，导致混淆和改变。所以，侦查人员在具备辨认条件时要尽快地组织辨认。

第三，要遵循辨认的禁止暗示性，即组织辨认时要严格禁止对辨认人形成暗示。对辨认活动的暗示行为极可能造成辨认结果偏差的不良后果。从辨认人的角度，有的可能从内心期望能够抓到犯罪嫌疑人，或者期望自己的辨认结果被侦查人员认可，因此可能自我暗示要从行列中挑选出一名对象，即使不确定。从辨认对象的角度，有的嫌疑人

① 参见杨治良：《漫谈人类记忆的研究》，载《心理科学》2011 年第 1 期。

② 参见倪晓峰：《侦查辨认失真：错案形成的心理学因素分析》，载《犯罪研究》2013 年第 3 期。

③ ［日］佐伯茂雄：《警官心理学》，张佐译，群众出版社 1987 年版，第 35 页。

可能紧张恐惧，但未必是因犯案被揭穿所致，也有可能为无辜者，因被逮捕而惶恐害怕。[①] 从主持辨认的侦查人员的角度，辨认前的指导语，辨认时在旁微笑、语调改变，陪衬对象的选择，多次组织对同一对象反复辨认等，都会对辨认人产生暗示。

违背以上三原则的侦查辨认，极易导致错误辨认，可能对案件结果产生重大影响。因此，各国在立法中多以三原则为依据，设定具体的侦查辨认规则。比如我国辨认前询问中需要考察有没有辨认条件，同时要求采取个别辨认、混杂辨认的方式就是为避免对辨认人形成暗示。英国《1984年警察与刑事证据法》中《行为守则D》详细规定了辨认的行为规范。俄罗斯联邦刑事诉讼法典、意大利刑事诉讼法典、美国《联邦证据规则》等也都体现了辨认的基本原则。

二、当前我国侦查辨认存在的主要问题

我国侦查辨认存在的问题，实务层面表现为对现有的司法解释和办案规定落实不到位，导致证据不被采信或被排除，甚至导致错案发生；规范方面表现为立法不完善，对辨认的基本原则关注不够，导致无法可依、司法适用混乱。

（一）实务层面的问题

1. 对不具备辨认条件的编造虚假笔录。有的案件，侦查人员提供的辨认照片图像模糊、客观上根本无法辨认。如某诈骗案中，供辨认的照片图像模糊，但辨认笔录仍记载着证人辨认出犯罪嫌疑人。这种侦查辨认与一般人在同等情况下的辨认能力明显存在不符，所以在诉讼中被排除。

---

① 参见王兆鹏：《美国刑事诉讼法》（第二版），北京大学出版社2014年版，第515页。

2. 对应当组织辨认的没有辨认。有的案件中，侦查辨认的组织开展具有锁定、确定犯罪嫌疑人的关键作用，但侦查人员并未组织辨认，导致错误认定犯罪嫌疑人。“应当组织辨认而没有辨认”包含应当组织辨认而始终未组织以及未及时组织辨认导致丧失辨认机会两种情况。如某故意伤害案中，案发时犯罪嫌疑人是否在场存在矛盾证据，有必要组织证人辨认，但侦查人员未组织辨认。还有的案件，对证人取证时，证人称可以辨认出持木棍击打被害人的犯罪嫌疑人，但侦查人员未及时组织辨认，后退回补充侦查时，该证人已查找不到。

3. 组织辨认时给辨认人以提示或暗示。实务中侦查人员有意或无意的辨认暗示表现形式多样。一是通过辨认前的预先暗示，造成辨认人形成确证偏见，导致后续辨认工作流于形式。[①] 如某盗窃案中，侦查人员向被害人出示了犯罪嫌疑人的照片后又组织辨认。二是辨认过程中的辨认比对不合理，影响辨认人的客观判断。比较典型的是，辨认时辨认对象的照片背景异于陪衬对象。如某故意伤害案中，侦查人员组织对犯罪嫌疑人进行照片辨认时，对其照片背景进行了特殊处理，明显不同于陪衬对象。还有的案件，只有犯罪嫌疑人的照片是深色的，其他陪衬对象均是浅色。这些行为足以对辨认人的辨认结果产生实质性的影响。三是陪衬对象与辨认对象不具有类似性，造成对辨认人的暗示。混杂辨认应保证陪衬对象的类似性，避免辨认对象异于陪衬对象。有的辨认照片中，只有犯罪嫌疑人的头上裹有纱布，或者只有犯罪嫌疑人是光头等明显异于其他辨认对象的情况。

4. 违反混杂辨认的数量要求。《刑事诉讼规则》《办案程序规定》对辨认对象的数量有明确规定。实践中，存在辨认照片的数量不符合

---

① 参见张军：《刑事证据规则的理解与适用》，法律出版社 2010 年版，第 238 页。

规定的数量要求的情况。如某抢夺案中，供辨认的照片只有7张。还有某销售假冒注册商标的商品案中，辨认时包括犯罪嫌疑人在内只有5张照片，均少于法律要求的10张。

5. 多名辨认人进行辨认时没有个别进行。辨认的个别进行主要是为防止辨认人之间互相影响，从而影响辨认的准确性。但实践中存在多名辨认人同时辨认的情况。如某故意伤害案中，3名证人同时在场，对侦查人员提供的辨认照片进行辨认。

6. 没有见证人在场或见证人不符合要求。实践中，有的案件辨认时没有见证人，还有的案件中多份时间上重叠的辨认笔录中均是同一名见证人。根据《刑诉法的解释》的规定，公安、司法机关的工作人员或者聘用的人员是不得担任刑事诉讼活动的见证人的，但实践中，大量案件中辨认的见证人是办案机关的辅警。

7. 其他辨认不规范的情况。一是以询问笔录代替辨认笔录。如某非法集资案件中，多名投资人的辨认都是询问笔录。还有的案件在讯问、询问笔录中夹杂辨认的情况。二是辨认笔录上没有辨认人的签字。三是主持辨认的侦查人员只有一人，违反主持辨认的侦查人员不得少于2人的规定。四是辨认照片选择不规范。由于辨认对象与供辨认的照片差异大，导致辨认人无法作出辨认。

（二）规范层面的问题

1. 对辨认的主持者规定不明确。整个辨认过程中，不仅有辨认人的参与，还有侦查人员的参与。辨认笔录中既包含着辨认人的感知、记忆和表达的内容，还包含主持辨认的侦查人员的相关活动。[①]《刑事诉讼规则》《办案程序规定》规定辨认活动由侦查人员执行或主持，但

① 参见陈光中：《〈中华人民共和国刑事诉讼法〉修改条文释义与点评》，人民法院出版社2012年版，第50页。

对执行或主持辨认的“侦查人员”能否是承办本案侦查工作的侦查人员并不明确。实践中，绝大多数案件均由本案的侦查人员担任辨认的主持者。承办案件的侦查人员往往是抓捕被辨认人的人，极大程度上存在主观认定被辨认人即为犯罪嫌疑人的可能。由其主持辨认活动，容易造成先入为主，甚至可能出现为获取对被辨认人不利的证据而影响公正辨认的情况。

2. 对混杂辨认的规定不完善。《刑事诉讼规则》《办案程序规定》规定了混杂辨认的数量要求，即列队辨认不少于 7 人，辨认照片不少于 10 张，辨认物品不少于 5 件。但对多名被辨认对象能否同时被辨认的情况没有规定。实践中，侦查人员将 2 名以上同案犯罪嫌疑人与其他陪衬对象一起共计 10 张照片提供给辨认人辨认，或者只替换犯罪嫌疑人的照片，其他陪衬对象、顺序均不变化。这种做法是否符合规定，辨认结果有否证据能力，需要进一步明确，以避免变相降低混杂辨认陪衬对象的数量要求。

3. 对个别辨认的规定不充分。《刑事诉讼规则》《办案程序规定》原则性规定了个别辨认规则，但未对个别辨认的具体实施程序作出要求。实践中，存在多名辨认人在辨认室外同时等候，逐一进入辨认，或者供辨认的陪衬对象不变、照片排列顺序也不变化。形式上，上述情形的辨认不违反个别辨认的规定，但目的却较难实现。

4. 缺少辨认前指导的规定。科学合理的辨认前指导有助于避免辨认人先入为主，进而获得可靠的辨认结论。但我国对辨认前指导并未规定，实践中侦查人员直接将辨认对象交辨认人辨认，根本不作指导或有偏向性指导。在没有进行辨认前指导的情况下，辨认人可能认为犯罪嫌疑人就在辨认对象当中，一旦侦查人员的指导语带有偏向性时，辨认人则更倾向做出选择。如果指导语不具偏向性时，辨认者则更可能在罪犯不在队列之中时做出正确选择。[①] 某故意伤害案中，侦查人员组织辨认时告诉被害人，这些照片中“有一个人是打你的人”，被害人说“好像有”时，侦查人员说必须确定是哪一个。研究证明，如果辨认前预先告知辨认人犯罪嫌疑人可能不在待辨认的队列中，目击证人错误辨认的比例为33%；如果未事先作上述告知，辨认错误的比例为78%。[②]

5. 没有规定禁止重复辨认。如果同一犯罪嫌疑人在不同辨认活动中重复出现，尽管可能以列队或者照片等不同形式参与辨认，但这种行为却对辨认人予以强烈暗示。美国Foster v. California案中，警察安排辨认时，让嫌疑人和两个比他矮好几英寸的人站在一起，并且只有嫌疑人穿着与抢劫犯相似的夹克。被害人第一次没有辨认出。警察又让被害人对嫌疑人一个人进行了当面辨认，被害人仍没有确定。警察再次组织列队辨认，这一次只有嫌疑人是两次列队辨认中重复出现的。后联邦最高法院认为，嫌疑人的正当程序权利被严重侵犯，因为在这种情况下，辨认出犯罪嫌疑人是无法避免的。[③] 重复指认（同一指认人再次的指认）在证据法上是没有证据能力的。[④] 俄罗斯联邦刑事诉讼法典规定，同一个人或物品不得重复提供给相同的人辨认相同的特

---

① 参见武珊珊：《论我国辨认程序的规制与辨认结果可靠性的审查》，载《台声·新视角》2005年第6期。

② 参见甄贞：《法律能还你清白吗？——美国刑事司法实证研究》，法律出版社2006年版，第74页。

③ 参见张智伟：《程序视野下的刑事辨认》，太原科技大学2011年硕士学位论文，第14—15页。

④ 参见［美］布兰登·L. 加勒特：《误判：刑事指控错在哪儿了》，李奋飞等译，中国政法大学出版社2015年版，第49页。

征。[1]德国也不承认重复辨认的证据能力。我国没有重复辨认禁止的规定，实践中存在多次组织重复辨认的情况。如某抢劫案中，侦查人员先组织被害人进行照片辨认，被害人没有辨认出犯罪嫌疑人，时隔两个月后又组织被害人进行了列队辨认，被害人辨认出犯罪嫌疑人。这种辨认带有明显暗示，真实性不能令人信服。

6. 对辨认笔录的制作要求不详细。《办案程序规定》要求对辨认的经过和结果要制作辨认笔录。但记录什么内容，记录的详细程度等均未规定，导致实践中记录简单，只注重记录结果，不注重记录过程，只有寥寥的“辨认人经过辨认，指出＊号照片就是犯罪嫌疑人”，达不到全面、客观地反映整个辨认活动的目的。

7. 对辨认过程录音、录像的规定不明确。《办案程序规定》规定，必要时要对辨认过程录音、录像。但“必要性”的规定缺少标准，导致实践中较少录音、录像，或者录音、录像没有体现全程性，达不到证明合法性的目的。如某故意杀人案中，犯罪嫌疑人辨认作案现场时，只有到达后指明该处为作案现场的录像，对如何与侦查人员到达现场没有录像，是侦查人员带领到达，还是犯罪嫌疑人指引到达并不能全面反映，导致该辨认笔录未被采信作为定案根据。

三、侦查辨认的实践规范和立法完善

证据作为刑事诉讼的基础，其收集、审查、判断和运用决定着整个刑事诉讼的质量。辨认活动是辨认人在对比陪衬对象，结合以往回忆进行判断得出结论的一系列行为。如果辨认活动中出现问题，辨认笔录就可能失去应有价值。

---

① 参见黄道秀译：《俄罗斯联邦刑事诉讼法典》（新版），中国人民公安大学出版社 2006 年版，第 178 页。

（一）强化侦查辨认的合法取证和证据审查

侦查阶段，侦查人员要把辨认笔录作为一项重要证据，对应当组织辨认、有条件组织辨认的，要及时组织辨认。组织辨认时必须进一步强化取证的合法性意识，严格遵循侦查辨认的相关规则，确保辨认合法、有效。

审查起诉、审判阶段要注重审查辨认笔录的合法性和真实性。合法性审查要审查辨认的过程、方法，及辨认笔录的制作等是否违反辨认规则。违反《刑诉法的解释》第 105 条规定情形，如违反混杂辨认、个别辨认规则，存在明显暗示等情形时，不得作为定案根据。存在最高人民法院、最高人民检察院、公安部、国家安全部、司法部《关于办理死刑案件审查判断证据若干问题的规定》第 30 条第 2 款规定情形，如没有辨前询问、辨认笔录不规范等，要由侦查人员补正或作出合理解释，否则不能采信。

由于辨认的复杂性和实践中可能存在的种种暗示，还要进行真实性审查。可以参考美国“曼森辨认法则”提出的五要素，[①] 也就是说，即使辨认笔录形式上合法，仍要遵循是否符合辨认的三个原则，审查其是否真实可信。比如，瞬间的抢劫、抢夺犯罪行为，被害人往往缺少对犯罪行为人的观察机会；多人参与的犯罪行为，如聚众斗殴、寻衅滋事犯罪，某一行为人的某些具体行为客观上往往是难以辨认的；其他如环境因素、案件破获时间等，都可能会影响辨认的准确性。

（二）进一步完善我国现有的侦查辨认规则

1. 细化辨前询问规则。侦查人员在组织辨认前，要首先询问辨认人是否具备辨认条件，对具备辨认条件的，要求辨认人对辨认对象详

---

① 参见［美］诺曼·嘉兰等：《执法人员刑事证据教程》，但彦铮等译，中国检察出版社 2007 年版，第 330 页。

细描述其特征，并记录在案。意大利刑事诉讼法典规定，当需要对人加以辨认时，法官要求辨认者描述有关人的情况，列举一切他记得的特征。[①] 我国澳门特别行政区刑事诉讼法规定，如有需要辨认某人，则要求应作识别之人对该人加以描述，并提出一切其所能记忆之细微之处；向其询问以前曾否见过该人及当时之状况；就其可能影响该识别可信性之情节向其加以询问。

2. 完善混杂辨认规则。一是对同案犯罪嫌疑人原则上不能同时出现在一个行列或者一组照片中供辨认人辨认。英国《1984年警察与刑事证据法》规定，列队辨认必须至少由8人组成，而且此数量不包括犯罪嫌疑人。每一列队只应有1名犯罪嫌疑人，除非两名犯罪嫌疑人有着大体相似的外表，但这种情况下，他们可以被列入至少由12人组成的列队。[②] 二是同案犯罪嫌疑人分别出现在不同行列或者不同组的照片中供同一辨认人辨认时，陪衬对象要进行更换，并且对排列顺序进行调整，避免只更换犯罪嫌疑人，给辨认人造成更换者即是犯罪嫌疑人的暗示。意大利刑事诉讼法典规定，如果某一人需对数人或者数物进行辨认时，法官应在每次辨认中使需加以辨认者或物同一些不相同的人或物一起出现。[③] 三是辨认对象可采取逐一呈现给辨认人的方式，而非同时呈现的方式。美国著名学者威尔斯（Wells）提出逐个展现法，即辨认人每一次只能观察到一个辨认对象，并要对出示的辨认对象作出判断后，组织辨认者才出示第二个辨认对象，依此进行下去。

---

① 参见黄风译：《意大利刑事诉讼法典》，中国政法大学出版社1994年版，第74页。

② 参见谭琦、张春鸣：《中英证人辨认制度比较研究》，载《福建公安高等专科学校学报》2004年第3期。

③ 参见黄风译：《意大利刑事诉讼法典》，中国政法大学出版社1994年版，第75页。

而且，经实验研究表明，配合双盲辨认，这种方法能使辨认人更多地使用绝对判断法来识别判断。因而，逐个展现法较通常意义的列队辨认法，得出的结论可信度更高。①

3. 完善个别辨认规则。多名辨认人对同一辨认对象进行辨认的，应让辨认人分别予以辨认。不同辨认人辨认时，要对陪衬对象进行更换，同时要更改辨认对象的位置，避免辨认人之间互相“沟通”。

4. 完善辨认笔录的制作要求。辨认笔录要做到全面、详细、客观、真实。要记录辨认的起止时间、地点、外部环境，主持者的情况，辨认方式及选择该辨认方式的理由，要结合辨认前的询问，从辨认前准备工作如陪衬对象、见证人的选择开始记录，到辨认前的指导语，辨认中辨认人的辨认经过和结果，主持者的言行等。英国《1984年警察与刑事证据法》规定，进行列队辨认等辨认程序时，辨认的详细情况应在专用的表格中进行记录。辨认程序结束后，辨认程序操作的全过程和证人的结论看法都应详细地记录下来，制作人须签名和附上制作时间。②

5. 辨认全程进行录音、录像。对辨认过程进行录音、录像，确保辨认规则得以遵守。因此，要尝试对辨认过程录音、录像全面开展。尤其对单一辨认，如辨认无名尸体、作案地点、抛尸地点等情况下更应录音、录像，要体现出辨认人自主引导侦查人员行进路线，进入辨认地域，指示相关地点等，这是保证辨认公正和避免暗示的有效途径。

---

① 参见王佳：《刑事辨认的原理和规则》，北京大学出版社2011年版，第131页。

② 参见毛有为：《辨认笔录研究》，湘潭大学2014年硕士学位论文，第9页。

（三）根据辨认的基本原则确立新的辨认规则

1. 规定辨前指导规则。辨认前告诉辨认人，犯罪嫌疑人可能在其中，也可能不在其中，避免造成犯罪嫌疑人必是其中一个的印象。美国心理学/法学学会（AP/LS）执行委员会1998年曾发布一份报告《目击者辨认程序：列队及照片辨认的推荐程序》，报告指出，目击者应当被告知犯罪嫌疑人不一定就位于队列或者照片中，因而他们无需感觉到自己必须做出辨认。而且，他们也应当被告知组织队列辨认的人也并不知道谁是该案中的嫌疑人。①

2. 确立双盲辨认规则。即组织辨认的侦查人员、辨认人都不知道辨认对象里有没有犯罪嫌疑人，或者谁是犯罪嫌疑人。英国明确规定“任何参与调查嫌疑人案件的人员不得参与辨认程序”②。由不参与本案侦查的人员安排并组织辨认活动，且组织辨认的侦查人员不少于两名，能最大限度地避免干扰辨认，从而防止和减少错误辨认的发生。

3. 确立重复辨认禁止规则。对同一辨认对象的辨认，侦查人员只能组织一次，无论是通过照片还是列队，或者其他方式。如果辨认人第一次辨认没有辨认出，原则上应禁止再次组织辨认，尤其是不能将目标对象再次呈现到辨认人面前。

综上，我国刑事诉讼法此次修改应对侦查辨认作出更详细规定或者提出要求、明确规则后，由司法解释、办案规定进一步细化，这样可以提升对侦查辨认重要性的认识，也可以减少司法实践中无法可依、适用标准不一的现象，使侦查辨认发挥应有价值。

---

① Gary L. Wells, et al., “Eyewitness Identification Procedures: Recommendations for Lineups and Photospreads”, Law &Hum.Behav, 22(6), 1998, pp.639-640.

② 参见中国政法大学刑事法律研究中心编译：《英国刑事诉讼法》（选编），中国政法大学出版社2001年版，第468页。

从“三个层次”厘清共同受贿的几个问题

赵凡立 *

从近代刑法学作为一门独立的学科诞生以来，共同犯罪一直是刑法学家热衷研究的传统问题，日本刑法学家西村克彦认为“共犯，几乎成了永恒的主题”[①]，苏联著名的刑法学家 A.H. 特拉伊宁指出“共同犯罪的学说，是刑法理论中最复杂的学说之一”[②]。而共同受贿的认定，尤其是国家工作人员和非国家工作人员共同受贿，又与身份犯、共同犯罪中的通谋、共同实行犯等难点互相交织，司法实践中虽有2003年最高法《全国法院审理经济犯罪案件工作座谈会纪要》（以下简称2003年《纪要》）、2007年“两高”《关于办理受贿刑事案件适用法律若干问题的意见》（以下简称2007年《意见》）、2016年“两高”《关于办理贪污贿赂刑事案件适用法律若干问题的解释》（以下简称2016年《解释》）等司法解释和规范性文件，但社会发展的浪潮不断冲刷出新的犯罪类型和方式，如何对具体案件做出认定是对司法判断者的考量。本人认为司法判断者在判断共同受贿的过程中，应从三个层次综合考量：一要以共同犯罪等刑法的基本原理作为“一般的判断依据”，

---

* 赵凡立，新疆维吾尔自治区人民检察院检委会委员、第三检察部主任，三级高级检察官。

① ［日］西村克彦：《东西方的共犯论》，载《国外法学资料》1982年第1期。

② ［苏］A. H. 特拉伊宁：《犯罪构成的一般学说》，王作富等译，中国人民大学出版社1958年版，第231页。

这是判断的第一个层次，顺位上最为优先；二要遵循相关刑法分则、司法解释以及规范性文件对共同受贿的认定，是“具体的判断依据”，第二个层次适用的顺位低于“一般的判断依据”；三要结合当前我国对于职务犯罪的刑事政策的调整、相关立法背景、一般法理等其他因素，结合具体案件作为“其他判断依据”也就是第三个层次具体分析。

一、三个层次判断的具体顺位

（一）第一个层次：共同犯罪等刑法的基本原理作为一般判断依据

在判断共同受贿的过程中，首先运用共同犯罪等刑法的基本原理，作为第一层次的判断依据，通常用于判断双方是否有共同受贿的故意和行为，如双方对收受贿赂具有概括的共同故意是否属于“通谋”，其认识因素是确定的还是概括的；非国家工作人员能否成为共同受贿的实行犯；在“部分行为全部责任”原则下是否可对共同受贿人按实际分得的数额进行处罚。对共同受贿定罪及处罚的考量必须以刑法总则中共同犯罪等基本原理为一般依据，这是做出正确司法判断的前提和指引。

（二）第二个层次：有关共同受贿的刑法分则条文、司法解释及规范性文件作为判断的具体标准

在将共同犯罪等基本原理作为一般判断标准的前提下，需要结合案件对受贿的刑法分则条文、司法解释、规范性文件等做出具体判断，目前有五部司法解释及规范性文件具体涉及，简要梳理如下：

2003 年《纪要》专门对非国家工作人员与国家工作人员、国家工作人员与其近亲属何种情况下构成共同犯罪作出规定，将特定关系人向国家工作人员代为转达请托事项作为认定受贿罪共犯的前提条件。

2007年《意见》就国家工作人员与特定关系人是否构成共犯作出规定，明确了受贿罪共犯必须具有“通谋加行为”的认定标准，强调了共同犯罪理论的一般要求。2008年“两高”《关于办理商业贿赂刑事案件适用法律若干问题的意见》第11条对非国家工作人员与国家工作人员各自利用职权如何定性作出规定。2012年《最高人民法院研究室关于共同受贿案件中受贿数额认定问题的研究意见解读》规定了共同受贿犯罪的数额仍以参与或者组织、指挥的共同犯罪数额认定为一般原则，对何种情况下共同受贿中按照个人所得数额处罚作出例外规定。2016年《解释》第16条将国家工作人员对特定关系人收受财物后的态度作为判断其主观上是否具有受贿故意的重要因素。上述的司法解释以及规范性文件对共同受贿规定了具体的认定标准，这些标准具体，实操性强，可以结合案件直接适用，具有较强的实用意义。

（三）第三个层次：有关职务犯罪的刑事政策、职务犯罪的特点、相关立法背景、一般法理等作为判断共同受贿的其他标准

在对一般标准和具体标准正确把握的前提下，还需要考量党中央对腐败零容忍的态度和始终保持高压态势的刑事政策。党的十八大以来，党中央将全面从严治党纳入“四个全面”战略布局，把党风廉政建设和反腐败斗争摆到前所未有的新高度，坚持反腐败无禁区、全覆盖、零容忍，反腐败斗争压倒性态势已经形成并巩固发展。[1]办理好职务犯罪案件，要具有一定的政治、法治和检察智慧，在与监委做好衔接的同时，把握好当下的刑事政策、理解好立法背景，衡量好案件背后的各种关系，才能够通过办理个案追求更好的政治、法律和社会效果。

① 参见裴显鼎：《严惩腐败犯罪，护航改革开放——改革开放以来职务犯罪审判工作回顾》，载《刑事审判参考》（第118集），法律出版社2019年版，第2页。

二、结合案例分析三个层次的判断方法

（一）国家工作人员仅仅“事后知情并未要求退还”是否构成共同受贿的共犯

受贿罪作为身份犯，国家工作人员与特定关系人共同受贿本身并非司法实践中认定的难点，但是由于2003年《纪要》和2007年《意见》对此有着不同的规定，实践中对此理解也会有所偏差。

案例一：甲系某市副市长（分管教育工作），其妻丙接受某中学教师乙的请托，通过市教育局局长说情，为乙在评定职称过程中打招呼，乙顺利获得高级职称，事后乙送给丙10万元表示感谢，甲知情后只对丙说不该收钱后并未要求丙将10万元退还给乙。甲、丙是否构成共同受贿的共犯？

1. 从第一层次中共同犯罪的必要条件考量。若仅从2016年《解释》第16条第2款“特定关系人索取、收受他人财物，国家工作人员知道后未退还或者上交的，应当认定国家工作人员具有受贿故意”的字面意思理解，甲明知妻子丙收受了10万元，却并未要求丙退还，看似能够满足司法解释规定的入罪条件，认定甲、丙二人构成共同受贿。但司法解释的文意不能脱离共同犯罪的基本理论，2016年《解释》第16条第2款应囿于共同犯罪的一般理论中来理解。共犯人是否在共同故意的支配下实施了共同的犯罪行为是判断共同犯罪的必备条件。而本案中甲作为国家工作人员，既没有和丙共谋，客观上也未为请托人谋利。甲、丙二人并非共同受贿。

2. 从第二个层次司法解释的原意中考量“通谋”。根据2003年《纪要》规定，特定关系人向国家工作人员代为转达请托事项，收受请托人财物并告知国家工作人员，或者国家工作人员明知其近亲属收受了他人财物，仍按照近亲属的要求利用职权为他人谋取利益的，对

该国家工作人员应认定为受贿罪，其近亲属以受贿共犯论处。2003年《纪要》规定了成立共同受贿的客观要件，但实际上是将国家工作人员与非国家工作人员通谋的时间点设定在代为转达请托事项或明知近亲属收受财物仍为他人谋取利益之时，即“通谋”形成于为请托人谋利这一实行行为之前。此种情况下国家工作人员和近亲属均积极主动沟通联络，对“权钱交易”达成明确的一致，这是过去共同受贿最常见的情形。而2016年《解释》第16条第2款针对的是特定关系人收受请托人财物的行为已经完成，国家工作人员在为请托人谋利后才知请托人收受财物一事，此时国家工作人员应具有退还或上交义务，如果国家工作人员知道后仍不退还或上交，应认为此时与特定关系人就收受财物达成一致，即“通谋”形成于在为他人谋利这一实行行为之后。而本案中甲对谋取利益没有主观上的认知，也没有客观上的利用职务上便利的行为，因此甲不构成受贿罪，也自然没有和丙成立共同受贿的可能。此外，2016年《解释》第16条第2款规定情形应以国家工作人员接受特定关系人转请托为前提，特定关系人未将转请托事项告知国家工作人员的不适用本规定。[①] 本案中丙未将转请托事项告知甲，丙利用了自己作为甲的近亲属的身份，通过教育局局长职务上的行为，为乙谋取了利益，可能涉嫌利用影响力受贿罪。

3. 从第三个层次当时的立法背景考虑。2016年《解释》主要对贪污贿赂犯罪出现的新现象提出了解决对策。其中第16条针对的是“身边人揽事收钱，官员办事明知”的情形，有些贿赂案件国家工作人员

---

① 参见裴显鼎、苗友水、刘为波、王坤：《关于办理贪污贿赂刑事案件适用法律若干问题的解释的理解与适用》，载《刑事审判参考》（第106集），法律出版社2017年版，第51页。

本身并不收钱，由近亲属或与其关系密切的人收受贿赂，[①] 对此种行为，不应让其游离于法律之外，必须予以打击。而本案甲始终未利用职务上的便利为他人谋取利益，并非“权钱交易”的幕后操纵者，不应作入罪处理。

（二）特定关系人在不明确具体请托事项情况下收受财物是否构成受贿罪的共犯

案例二：甲系某国企负责人，其与请托人乙长期有权钱交易行为，乙将其中的一部分行贿款共计 100 万元直接交付甲妻丙，丙只知道丈夫甲在为乙办事，但不清楚具体请托事项。事后丙将收受乙 100 万元一事告知甲。

1. 从第一个层次刑法基本原理中共同犯罪的认识因素分析。有关共同犯罪的认识因素的通说观点是“共同犯罪人对本人行为的社会危害性的认识及对自己和他人共同实施犯罪的认识，这就是共同犯罪故意的双重认识”[②]。按照张明楷教授的观点，认识因素和意志因素应当是现实的、确定的，[③] 但共同犯罪是一种特殊与复杂的犯罪形态，各共同犯罪人的地位不同、参与的程度不同，决定了他们主观认识程度的不一致性。[④] 比如突发性的聚众斗殴，根据首要分子、其他积极参加者、一般参与者、中途参与的旁观者在犯罪中的地位、参与程度不同，对于即将发生的犯罪主观认识也不同，并非统一的确定的故意。一些场

① 参见裴显鼎、苗有水、刘为波、王坤：《关于办理贪污贿赂刑事案件适用法律若干问题的解释的理解与适用》，载《刑事审判参考》（第 106 集），法律出版社 2017 年版，第 52 页。

② 陈兴良：《共同犯罪论》，中国人民大学出版社 2006 年版，第 95 页。

③ 参见张明楷：《刑法学》（第五版），法律出版社 2016 年版，第 252 页。

④ 参见陈兴良：《共同犯罪论》，中国人民大学出版社 2006 年版，第 96—97 页。

合下，非国家工作人员尤其是特定关系人可能并不确知国家工作人员为他人谋利的具体内容，但知道请托人系有求于该国家工作人员的职务行为而送予财物，其虽不确知谋利事项的具体内容，但已明确意识到财物的贿赂性质，认定受贿共犯没有太大障碍。[①] 因此在共同受贿中，特定关系人对国家工作人员利用职务便利为他人谋利有概括性的认识即可，至于具体的请托事项，请托事项与收受财物是否能一一对应，则不需作为共同受贿犯罪的构成要件予以考虑。本案中虽然丙并不明知具体的请托事项，但其知道财物与甲的职务行为有关，应认定二人具有通谋构成共同受贿。

2. 从第二个层次司法解释的变迁看。2003 年《纪要》规定了传统共同犯罪中非国家工作人员构成共犯的必要条件，既必须同时具备“转达请托事项 + 收受财物 + 告知”条件缺一不可，而 2007 年《意见》专门强调：特定关系人与国家工作人员通谋，共同实施第 7 条第 1 款行为（国家工作人员利用职务上的便利为请托人谋取利益，授意请托人将有关财物给予特定关系人），对特定关系人以受贿罪的共犯论处，即明确了“通谋 + 行为”的认定方式。根据 2007 年《意见》的规定，双方有对共同受贿的意思联络、沟通，即使特定关系人与国家工作人员事先未就为请托人谋利并收受财物形成共同的犯意联络，但其在对国家工作人员利用职务便利为他人谋利的事实明知的情况下仍代国家工作人员收受财物，应认定与国家工作人员有通谋。[②] 共同受贿犯罪中受贿罪作为复行为犯，其实行行为包含“为他人谋利”和“收受财物”两个方面，而“通谋”作为行为人共同实施犯罪的意思联络，应

---

① 参见郭竹梅：《受贿罪司法适用研究》，法律出版社 2018 年版，第 153 页。

② 罗某受贿案，来源于《刑事审判参考》第 106 集第 1143 号。

明确双方要认识到所收受的财物是贿赂物，并且认识到该财物与国家工作人员为他人谋利有关。因此，2007年《意见》所指的“通谋”并不局限于传统受贿共犯之间明确清晰的分工协商，而包括了本案中看破不说破的心领神会，应遵循2007年《意见》的规定认定甲、丙二人具有通谋。

3. 从第三个层次刑事政策调整的初衷看。2007年《意见》总结了当时司法实践中新型受贿犯罪法律适用问题，比如委托理财、低买高卖等，具有一定的隐蔽性和复杂性。而国家工作人员本人不直接收受贿赂，由身边人收受也具有一定的迷惑性。在此种形式下，应织密法网，严厉打击此类犯罪。为此，2007年《意见》明确，即使此时丙未参与为他人谋利，也应作为共犯处理，为罪与非罪划出清晰的边界，符合当时打击腐败犯罪的政策需要。

（三）国家工作人员离职后才知特定关系人收受财物的处理

案例三：甲系某国企A公司副总经理，其退休前介绍儿子丙与私营企业主乙相识，甲对乙与国企A公司签订的合同均审批同意。其间丙收受乙100万元。甲退休后知此事，仅口头要求丙将100万元退还乙，但并未继续过问退还一事。

按照2016年《解释》第16条第2款规定，甲、丙均可以构成共同受贿的共犯。但应把握本案例中最关键的因素即甲虽然为乙谋取利益，丙也收受了乙的财物，但甲系离职后得知丙收受财物，此时甲已不是国家工作人员，是否还适用该解释的规定？

1. 从第一个层次一般标准刑法基本原理的法益原则和身份犯分析。先从法益保护原则的角度分析，受贿罪保护的法益是国家工作人员职务行为的不可收买性，即国家工作人员职务行为与财物的不可交换性。甲虽然为乙谋取了利益，但甲在职时并未收受贿赂，事后得知丙收受

100万元贿赂时已退休，甲已不具备国家工作人员的身份，即使甲对丙收受财物一事并未要求退还，此时国家工作人员职务行为的廉洁性并未受到侵害，其客观上无权钱交易的行为，主体上甲的身份也不符合受贿罪的构成要件。再从身份犯的概念分析。受贿罪应是典型的真正身份犯，正犯必须是国家工作人员。不具有国家工作人员身份的人不可能单独实施受贿行为，在国家工作人员不是受贿正犯的前提下，其特定关系人为无身份者，根本不可能单独实施受贿行为，不可能成为受贿罪的单独正犯或者是间接正犯。而丙在不构成单独正犯或者间接正犯的前提下，也没有通过甲职务上的行为或者与甲关系密切的人为乙谋取不正当利益。因此，本案中甲、丙不构成共同受贿，但丙可以单独构成利用影响力受贿罪。

2. 从第二个层次具体标准司法解释对离职国家工作人员收受财物的规定看。2000年最高法《关于国家工作人员利用职务上的便利为他人谋取利益离退休后收受财物行为如何处理问题的批复》规定，国家工作人员利用职务上的便利为请托人谋取利益，并与请托人事先约定，在离退休后收受请托人财物，构成犯罪的，以受贿罪定罪处罚。此后的2003年《纪要》和2007年《意见》均沿袭了此规定，因此离退休人员收钱的行为构成受贿罪的前提，必须以其在职时事先约定离退休后收受为要件，如果有事先约定，则其在具有国家工作人员身份时就产生了收受财物的故意，符合受贿罪的主体要件。如果未事先约定，则其产生收受财物故意时已不具有国家工作人员身份，此时收受钱物和谋取利益不具有关联性，也不能认为其构成受贿罪。司法实践中，国家工作人员在退休前与请托人若仅有约定但退休后并未实际收受财物，国家工作人员退休后也从未向请托人要求给付财物。这种情况下法院一般都会严格按照2003年《纪要》规定的“国家工作人员利用职务上的便利为请托人谋取利益，并与请托人事先约定，在其离职后收受请托人财物，构成犯罪的，以受贿罪定罪处罚”的规定，由于此时其不具有国家工作人员身份，只能严格地按照2007年《意见》规定不认为构成受贿罪，而非以受贿未遂定罪处罚。可见2007年《意见》在司法实践罪与非罪中泾渭分明。

3. 从第三个层次刑事政策对于期权腐败的打击看。通常一手交钱一手办事的赤裸裸的权钱交易在实践中易做判断。而离退休人员通过退休前约定退休后收钱打起了“时间差”的算盘，这种事先约定的期权腐败更应引起高度重视。刑事政策对此采取了严厉打击，但必须注意正是因为“事先约定”才能体现其权钱交易的投机性和隐蔽性，若无事先约定，则不具有此种危害，不应认定为犯罪。

（四）按实际数额处罚的受贿共犯

司法实践中的共同受贿行为，一般按照各被告人所参与的共同犯罪数额处罚，比如特定关系人收受贿赂后，国家工作人员和特定关系人的共同受贿金额均按照特定关系人收受的数额认定。2012年最高人民法院研究室《关于共同受贿案件中受贿数额认定问题的研究意见》（以下简称《研究意见》）提出了以实际参与或者组织、指挥的共同受贿数额认定为原则，以实际所得数额为例外的认定方法。具体如何运用可结合案例分析：

案例四：A、B分别系某乡乡长、乡党委书记，C为该乡某村支书，D为该乡经发办主任，四人在履行职务过程中发现该村有一片土地空置，遂找到行贿人E，决定在空置土地上修建厂房后利用职务上的便利将厂房征迁，领取征迁费。该土地被征迁后，E领取征迁费后找到A，给A 80万元，让A将80万元分给四人，四人每人实际得到20万元。每个人的数额应按照80万元共同受贿的总额计算，还是按照每人实际所得 20 万元计算？

1. 从第一个层次刑法的基本原理共同犯罪“部分行为全部责任”的理论分析。“部分行为全部责任”是大陆法系国家对共同正犯刑事处罚原则，其“全部责任”既不是指主观责任，也不是指作为法律后果的刑事责任，而是对结果的客观归属，只要共同正犯人对结果具有责任，就必须对全部结果承担刑事责任。[①] 例如甲、乙二人共同枪杀丙，即使只是甲的子弹实际造成丙死亡，乙也承担杀人既遂的责任。通说的共同正犯既有共同的实行行为，也应有共同的意思联络行为。但在共同受贿犯罪中，有两点和其他共同正犯的不同之处，一是受贿罪本身获取财物的方式与其他敛财型犯罪如盗窃、贪污相比较为被动，大多数情况下获取财物的数额、方式往往由行贿人决定；二是在共同受贿过程中，共同受贿人之间对彼此收受钱物的数额多少有可能并不明晰，甚至仅知道其他人有可能为他人谋取了利益，但是否收受贿赂并不明知。[②] 尤其在后一种情况行为人之间缺少主观犯意上的沟通，并不是典型的共同正犯。以上两种可能如果依据刑法区别对待和罪责自负的原则按照实际所得数额处罚可能更能体现罪责刑相适应原则。本案 A、B、C、D 四人在谋取利益方面有沟通有共谋，分别利用个人职务上的便利决定征迁厂房，但对于收受贿赂方面，B、C、D 最终收受的数额由 A 决定，且 B、C、D 每个人对于其他人收受贿赂的具体金额并不明知，此时和传统刑法意义上的犯罪人之间的“分赃”不同，收受贿赂的数额多少、获取方式均由 A 来决定，是典型的被动型获取财

---

① 参见张明楷：《刑法学》，法律出版社 2016 年版，第 395 页。

② 2012 年《最高人民法院研究室关于共同受贿案件中受贿数额认定问题的研究意见解读》。

物，应和共同盗窃、共同贪污后犯罪人的自主分赃有所区别。

2. 从第二个层次《研究意见》在实践中所起的作用分析。共同受贿中具体数额的差异会影响共同受贿人罪与非罪的确定、量刑幅度的把握，若不加区分一味按照共同受贿数额认定，可能会导致罪刑失衡。《研究意见》提出了按实际所得数额处罚的例外情形，同时满足难以区分主从犯、行贿人的贿赂款分别或者明确送给多人，且按照各被告人实际所得数额处罚更能实现罪刑相适应的，依法按照被告人实际所得数额处罚。其中第二个条件“贿赂款分别或者明确送给多人”从语义上理解应为虽然构成共同受贿，但共同受贿的特征并不明显，行贿人 E 虽然将 80 万元交给 A，但 A 仍采取了将 80 万元平分四人的方法，此时 B、C、D 之间对其他人为行贿人谋取利益有所认知，但对其他人是否接受贿赂、具体受贿的数额欠缺明确的认知，彼此的犯意沟通并不明显，对于 B、C、D 来说，应按照实际所得数额 20 万元确定受贿数额，更符合《研究意见》的规定。而 A 虽然决定了每个人的具体金额的分配，也清楚四个人受贿的总额，但综合整个共同受贿的过程来说，A 不是得钱最多的人，也不是共同犯罪中作用最重要的人，因此，不能以 A 决定四个人最终分钱的多少认定 A 是主犯，承担 80 万元的受贿数额，而应认为 A、B、C、D 四人每个人的受贿数额均为 20 万元。

3. 从第三个层次《研究意见》的制定背景分析。《研究意见》是在 2016 年《解释》出台之前作出的规定，针对各地反映的对于未区分主从犯的受贿罪简单共犯均按参与额量刑会导致罪刑失衡的现象集中予以解答，比如按照之前 1997 年刑法，几个人共同受贿 10 万元，不论每个人得到多少，每个人均会判处 10 年以上有期徒刑的不合理现象，[①]

① 参见刘一霖：《浅析共同受贿中犯罪数额的认定》，载《中国纪检监察报》2019 年 3 月 20 日。

解决了当时经济转型发展时期多人共同受贿的量刑需要，但2016年《解释》出台后，受贿罪的数额大幅提高，罪刑失衡的现象越来越鲜见，是否适用《研究意见》，除了掌握好《研究意见》的适用原则外，还要结合主客观一致、罪责刑相适应的原则谨慎把握。本案例按照实际分得20万元具体量刑，既符合罚当其罪的原则，也符合2016年《刑法修正案（九）》出台后对受贿罪“数额加情节”处罚的实际要求。

（五）非国家工作人员和特定关系人共同受贿的难点把握

案例五：甲为某商业银行行长（非国家工作人员），丙系甲的胞弟，行贿人乙通过丙找到甲为自己在甲所在的商业银行贷款审批寻求帮助，甲利用职权为乙发放了贷款。事后乙给甲送50万元，甲不要，后乙又将50万元送给丙，甲事后对此知情，并未要求丙退还50万元。甲是否构成非国家工作人员受贿罪？其胞弟丙是否和甲构成共同犯罪？

此案例需要解决的问题是，非国家工作人员为他人谋取利益后，事后知道特定关系人收受他人财物，能否认定非国家工作人员和特定关系人具有共同受贿的故意？对此有两种观点，一种观点认为，2007年《意见》、2003年《纪要》和2016年《解释》均针对国家工作人员作出，本案的主体身份系非国家工作人员，由于二者法益不同、社会危害性不同，刑法对非国家工作人员受贿罪和受贿罪的构成要件、法定刑作出不同的规定，不能套用国家工作人员受贿的理论去认定非国家工作人员受贿罪，甲、丙二人不构成非国家工作人员共同受贿。另一种观点认为，虽然刑法对两个罪名作出不同规定，但刑法关于通谋、共同犯罪的理论不变，本罪甲、丙二人符合受贿的一般构成要件，之间也有通谋，应认定为构成非国家工作人员受贿罪的共犯。

1. 从第一个层次刑法的一般理论看。应当认定为二人存在非国家工作人员受贿的通谋。刑法第163条非国家工作人员受贿罪和第385条受贿罪规定的构成要件略有不同，但在被动型收受财物而非索取财物型方面，两罪有着同样的客观构成要件和主观构成要件，即在收受型贿赂方面，认定非国家工作人员和特定关系人是否构成共同受贿，仍应遵循刑法中判断共同犯罪的一般理论。“通谋”作为共同受贿的必要条件，除了事先通谋外，相当一部分的通谋系事中通谋，在受贿的行为中表现为谋取利益后。此案中的丙积极促成甲为乙谋取利益，且在事后收受了好处，此时丙应明知这笔钱财和甲利用职务上的便利为乙谋取利益有关仍予以收取，甲事后得知丙收受了好处，具有要求丙退还的义务，仍未要求丙退还，默许了丙收受钱财的行为，应当认为甲、丙在谋利和收受财物上均有通谋，系典型的事中通谋。

2. 从第二个层次受贿罪与非国家工作人员受贿罪的相关规定看。有关国家工作人员与特定关系人以及特定关系人以外的人如何能认定为“通谋”，2007年《意见》、2003年《纪要》以及2016年《解释》对此都有所涉及。从积极明确的代为转达请托事项到概括明知的特定关系人知道财物系权钱交易的贿赂性质，应该说，在受贿罪的认定“通谋”方面有着较为宽松的立法趋势，从某种意义上降低了共同受贿的门槛。从法理上分析非国家工作人员受贿罪和受贿罪应具有一致的认定标准，虽然两者侵害法益不同，但刑法已经在数额、情节、法定刑量刑方面表现出明显的差异，至于在定罪考量上，应从法理和法条上去分析，二者的社会危害性差别不能影响到是否定罪的结论，因此甲、丙应构成非国家工作人员受贿罪的共同犯罪。

3. 从第三个层次立法背景和刑事政策分析。2008年，针对商业贿赂在一些领域和行业滋生繁衍的态势，“两高”联合发布了《关于办理商业贿赂刑事案件适用法律若干问题的意见》，对非国家工作人员受贿罪作出了详尽规定，中央当时印发《关于开展治理商业贿赂专项工作的意见》，专门进行治理。2019年中纪委三次全会上，习近平总书记专门强调要紧盯事关发展全局和国家安全的重大工程、重点领域、关键岗位，加大金融领域反腐力度。而利用信贷审批谋取私利更加容易诱发并加剧金融风险。[①] 甲虽然没有直接将贿赂款纳入自己囊中，但其对特定关系人充当掮客并收受钱财的行为不管不问，甲、丙的行为符合非国家工作人员共同受贿，若只因为2007年《意见》、2003年《纪要》规定的主体系国家工作人员而不入罪，这种机械执法会起到负面的社会影响，应予以打击。

三、结语

共同受贿犯罪的判断涉及罪与非罪、此罪与彼罪的认定，司法实践中往往认识不一致、适用标准也不统一，但马克思曾说："要运用法律就需要法官，如果法律可以自动运用，那么法官也就是多余的了。"作为司法工作者，在认定中需要以刑法基本理论的一般标准作为第一个层次，在此前提下考虑受贿罪相关规定的具体标准作为第二个层次，并综合考量刑事政策、立法背景作为第三个层次考量。以上三个层次中，第一个层次应优先考量，做第二个层次分析时不能突破第一个层次，在对两个层次有了基本判断定性的基础上再结合第三个层次作出具体判断。

---

① 《金融领域反腐，不停步！》，载中纪委国家监委网站2021年10月18日。

股权投资刑民交叉案件认定规则和处理规律实务研究

黄文忠 *

刑民交叉案件从司法实务层面理解，特指某种行为究竟应当被作为犯罪处理，还是作为民事违法性质不明的“难办”案件。① 刑民交叉问题的处理同时涉及刑法和民法规定，从而必须在刑法和民法之间来回穿梭才能有效解决问题。② 股权投资刑民交叉案件，与社会经济生活联系紧密，涉及经济纠纷与合同诈骗、职务侵占等经济犯罪的认定，不易辨别。笔者将这一“难办”案件的问题单独提出加以研究，期望对刑民交叉案件办理的司法实践有所裨益。

一、问题的提出：坚持鼓励市场交易与维护交易安全的价值共识

股权投资作为一种典型的商事行为，不同于一般的民事行为，具有典型的市场经济特征，应受市场经济规律的约束和引导。市场以交换为基本特征，对资源配置起决定性作用。一方面，市场经济是自由的经济、平等的经济、竞争的经济、机会的经济、风险的经济，鼓励市场主体自由交易、自主创新、敢于冒险、追求利益最大化是市场经济的应有之义，符合大力发展市场经济和追求经济快速发展的时代要

* 黄文忠，江西省人民检察院第四检察部四级高级检察官。

① 参见周光权：《“刑民交叉”案件的判断逻辑》，载《中国刑事法杂志》2020 年第 3 期。

② 参见夏伟：《刑民交叉的理论构造》，法律出版社 2020 年版，第 2 页。

求。市场的事应交由市场去处理，民事法律规范能够调整的，刑法不应过早、过细地介入。另一方面，市场经济也是法治的经济、安全的经济，市场主体必须依法经营，共同维护交易安全，不得谋求市场以外的非法利益，更不能以市场的名义进行违法犯罪活动。刑事法律规范应当发挥防止过于鼓励交易，放弃安全底线的作用，为社会主义市场经济健康发展保驾护航。

办理股权投资刑民交叉案件应当坚持鼓励市场交易与维护交易安全的价值共识。不要轻易将刑民交叉案件作为刑事案件处理，以尊重市场主体意思，鼓励市场交易，促进市场繁荣。同时应当守住维护交易安全的底线，对于突破刑事法律规范、危害企业经营安全与国家经济发展的刑民交叉案件，应当按照刑事案件处理的，坚决以刑事案件依法处理。笔者认为，就此应立足股权投资的交易形式，结合个案和案件类型进行分析。兹先行提出以下问题，以供思考，待下文再行论述。

1. 在股权转让中，转让人实施隐瞒、欺骗行为，转让瑕疵股权，受让人受到损失的，是市场交易还是合同诈骗？

2. 在对赌协议中，融资人实施隐瞒、欺骗行为，成就对赌条件，投资人受到损失的，是投资风险还是合同诈骗？

3. 在股东协议中，同时约定股权和公司资产转让，受让股东处置财产归个人所有的，是股东权利还是职务侵占？

4. 在股权代持中，显名股东行使股东权利，形成公司分红决议，拿走相应利润分配的，是公司治理还是职务侵占？

二、常见股权投资刑民交叉案件类型分析

进行股权投资，为获取公司股权，可以采用股权转让和增资扩股

两种方式。有限责任公司股权转让根据转让对象不同分为对外、对内两种形式，增资扩股也分为股东内部增资和引入外来投资者增资。本文将对外转让股权或引入外来投资者增资称为“股权转让”，将对内转让股权或股东内部增资称为“股东协议”。对赌协议和股权代持是股权投资中重要的交易形式，需要特别分析。据此，笔者将常见股权投资刑民交叉案件区分为股权转让、对赌协议、股东协议、股权代持四种类型，以下结合案例予以分析。

（一）股权转让刑民交叉案件

股权转让合同的特殊性在于转让标的物为股权，股权不只是财产权，同时其上还附着了公司经营管理等控制权。如果所转让的股权存在瑕疵，且转让人对此故意实施隐瞒、欺骗行为，是否都应当以刑事案件处理，司法实践中具有一定的迷惑性。

［案例 1］梁某某涉嫌合同诈骗案：2003 年 5 月，梁某某设立某县万寿山陵园有限公司（以下简称万寿山公司）经营该县殡葬业务，陵园占地约 246 亩，万寿山公司仅对建成的办公楼、车库、火化楼 2840 平方米办理了划拨土地使用权证。2014 年，福寿园实业有限公司（以下简称福寿园公司）派法务、财务人员到万寿山公司尽职调查，梁某某隐瞒万寿山公司对外存在 3000 余万元巨额担保债务，虚构能够办理剩余 242 亩土地使用权证的事实，与福寿园公司签订《股权转让协议》。约定福寿园公司支付 4000 万元收购梁某某所持万寿山公司 75% 股权，万寿山公司 800 万元银行贷款及股权转让税费由福寿园公司承担，梁某某负责办理 242 亩土地使用权证。梁某某将所获股权转让款用于归还个人债务，万寿山公司陆续被债权人提起民事诉讼，要求承担担保责任，法院已判决五起，且已执行其中一笔 120 万元的债权。

一种意见认为，有证据证明梁某某在与福寿园公司商谈和签订股权转让协议过程中有隐瞒真相的行为，但梁某某不具有非法占有的主观故意，其行为属于民事欺诈，不构成合同诈骗犯罪。笔者认为，梁某某在股权转让中实施了重大交易事项隐瞒、欺骗行为，引诱他人代替自己承担债务，具有非法占有目的，应以合同诈骗罪提起公诉，其中已被执行的120万元中75%份额即90万元为既遂，3000万元担保债务中未执行的75%份额即2160万元为未遂。

股权转让刑民交叉案件法律关系可以用图1表示：

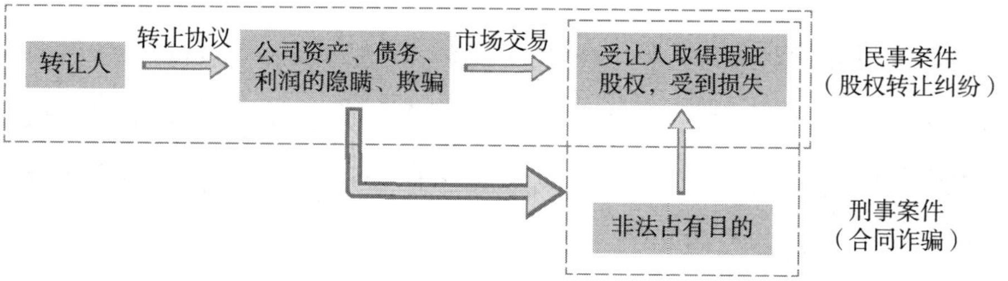

图1 股权转让刑民交叉案件法律关系

在股权转让中，为达到较好的交易价格，实现交易成功，对股权瑕疵的隐瞒、欺骗甚为常见。由于受让方毕竟获得了“股权”这个对价，到底是合同欺诈还是合同诈骗，是经济纠纷还是经济犯罪，面对相同的案件事实，不同的办案人员可能得到截然相反的结论。股权瑕疵的隐瞒、欺骗行为本身容易判断，但其仅是刑民区分的必要而非充分条件，不能单独作为刑民判断依据，大量的此类纠纷作为市场交易，应当按照民事纠纷处理，防止刑法对正常市场交易的不当干预。只有在此基础上的非法占有目的判定，才可能构成刑事案件。

（二）对赌协议刑民交叉案件

"对赌协议"，又称"估值调整机制"或"估值调整协议"。[①]对赌过程往往伴随着一定程度的欺诈，如通过虚增业绩、虚构资产、隐瞒债务方式等进行财务造假，以抬高并购估值或满足对赌条件，如何认定刑民案件，值得我们探讨。

［案例2］邹某某、张某等人合同诈骗案：2014年7月，被告人邹某某、张某等人注册成立智慧海派科技有限公司（以下简称智慧海派公司）。2015年3月，上市公司航天通信控股集团股份有限公司（以下简称航天通信公司）与被告人等签订发行股份购买资产、盈利预测补偿等协议，向被告人等发行限售流通A股股票，总价10亿余元，用于购买智慧海派公司51%的股权。被告人等负责智慧海派公司的经营管理并承诺2016年、2017年、2018年实际净利润分别不低于2.5亿元、3亿元、3.2亿元，其所持股票根据盈利承诺实现情况，按比例分期解锁或不得转让，如任一年度实际净利润低于承诺净利润，航天通信公司可以用1元总价款回购承诺净利润与实际净利润差额部分所对应的股份，若被告人等所持股份不足当期所需回购股份数量，则需现金补偿。并购交易完成后，被告人等注册成立或实际控制多家境内外公司，虚构交易，虚增公司利润，制造智慧海派公司在2016年至2018年均完成了承诺净利润数额的假象，申请解禁所持股票，被上海证券交易所认为业绩存疑未予解禁。其间，被告人等获得航天通信公司股份分

① 《全国法院民商事审判工作会议纪要》（2019年11月8日，法〔2019〕254号，以下简称《九民纪要》）就对赌协议作出了如下定义：实践中俗称的"对赌协议"，是指投资方与融资方在达成股权性融资协议时，为解决交易双方对目标公司未来发展的不确定性、信息不对称及代理成本而设计的包含了股权回购、金钱补偿等对未来目标公司的估值进行调整的协议。

红收益700余万元。[①]

被告人提出无罪辩解，认为对赌协议属于附条件合同，被告人虚构利润，属于不正当促成条件成就，应当认定该条件不成就并承担违约责任，而不是刑事责任。2023年6月，邹某某、张某等人犯合同诈骗罪被判处有期徒刑15年、12年等刑期，判决被告人非法占有所持股份价值的目的因其意志以外的原因未得逞，属犯罪未遂，被告人取得的航天通信公司派发分红收益系其诈骗行为直接获得的财物，属犯罪既遂。笔者赞同法院判决，民事责任并不必然免除刑事责任的承担，不能以民代刑，否则不能发挥刑法保障法、后盾法的作用，无法有效维护市场交易安全。

对赌协议刑民交叉案件法律关系可以用图2表示：

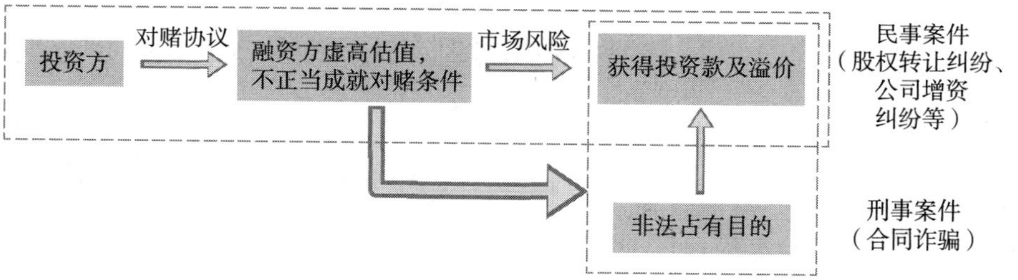

图2　对赌协议刑民交叉案件法律关系

对赌协议的签订、履行，应当根据市场规则，受市场风险的调整。对赌成功，双方均获益，对赌失败，投资方获得保底收益，融资方承受损失，此过程中发生争议的，属于民事纠纷。但如果融资方实施隐瞒、欺骗行为，不正当成就对赌条件，人为控制对赌结果，以非法占有为目的获得不应有的融资款和溢价，此时可能涉嫌合同诈骗犯罪。对赌协议刑民交叉案件的争议焦点，在于抬高估值和成就对赌条件过

① 参见江西省南昌市中级人民法院（2021）赣01刑初1号刑事判决书。

程中的隐瞒、欺骗行为，究竟应当民事规制还是刑事处理？面对此问题，应当注意投资风险与刑事犯罪的界分，属于市场交易风险的，应当由投资人自担后果，不能以刑事犯罪的名义转嫁给对方。构成刑事犯罪的，不但要承担民事损害赔偿责任，而且要接受刑罚处罚。

（三）股东协议刑民交叉案件

有限责任公司股权可以在公司内部股东间自由转让，只要双方达成一致，内部转让不受任何限制。有此便利，股东之间的转让协议往往同时约定公司某项资产归属一方所有，造成事实上的资产转让。这是股权转让的应有利益，还是涉嫌财产犯罪，形成刑民认定的交叉。

［案例3］许某某、宋某某涉嫌挪用资金案：2012年豪宇房地产开发有限公司注册成立（以下简称豪宇公司），犯罪嫌疑人许某某占股15%、犯罪嫌疑人宋某某占股12%、董某某占股61%、彭某占股12%。公司向外借款1000万元用于支付工程款，全体股东决议以增资形式偿还借款，增资由各股东向银行贷款，其中董某某400万元，宋某某和许某某、彭某各200万元。2015年11月全体股东签订《商业资产分割股东协议》，将公司商铺分割给股东，由股东处置并承担分摊债务。2017年3月，董某某与许某某签订股权转让协议，将其股权转让给许某某，其所分得商铺转让给“公司（许某某）”，变卖所得款项用于归还董某某贷款及其名下分配债务。许某某将478万元商铺处置款用于归还董某某400万元贷款，剩余资金归自己所有。2017年6月，宋某某、许某某、彭某签订股东协议，彭某将其分得的商铺转让给宋某某、许某某，彭某贷款200万元由对方偿还。宋某某将商铺虚假过户他人后抵押贷款260万元，用于偿还个人债务。

一种意见认为，公司商铺已分割到股东名下，商铺转让属于股东之间的财产转让，出售商铺所得款项系股东个人财产，不构成挪用资金犯罪。许某某、宋某某未按约定偿还董某某、彭某相关债务，是民事违约行为，不应认定为刑事犯罪。笔者认为，所谓商铺已分割到股东个人名下，处置的对价是个人资金的认识并没有准确理解法律，行为人以公司财产偿还个人债务，有构成犯罪的可能。

股东协议刑民交叉案件法律关系可以用图 3 表示：

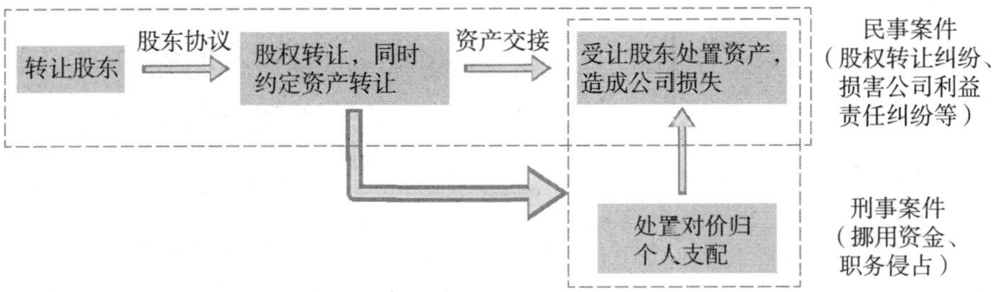

图 3　股东协议刑民交叉案件法律关系

股权在公司内部股东之间转让，签订股权转让协议的同时约定资产转让，受让股东交接资产后予以处置，造成公司财产损失，发生纠纷的，属于民事案件。但是受让股东将处置对价归个人支配，则可能构成挪用资金或者职务侵占犯罪。公司股权转让的自由并不是没有边际，其应受公司法的调整，不得违反法律、行政法规的强制性规定，否则约定无效。不能将股东协议视为当然、合法、有效的约定，应当进行实质性审查，刺破协议的“面纱”。防止将公司资产认定为股东个人资产，将明显的刑事案件作民事案件处理。

（四）股权代持刑民交叉案件

在股权代持中，双方约定隐名股东享有投资权益，承担投资风险，显名股东按照隐名股东指令行使股东权利。但当显名股东不按照隐名股东的指示行使股东权利，公司或隐名股东可能面临损失，是民事纠纷还是财产犯罪，应予准确区分。

［案例 4］陆某某、胡某某、陶某某、陈某某涉嫌职务侵占案：2016 年 4 月某新能源科技有限公司注册成立（以下简称新能源公司），陆某某、胡某某、陶某某各占股 50%、45%、5%，聘请陈某某担任出纳。陆某某、胡某某实际持股 35%，另 60% 替 8 名出资人代持。2017 年 6 月，出资人会议决定利润分配，3000 万元奖励重要贡献人员，800 万元后期运维，剩下利润按出资比例分红。陆某某等不满分配方案，对公司净资产进行评估（净资产账面价值 1.65 亿余元），在其他出资人不知情的情况下，作出分红公司决议，在三人 40% 股权份额内分批转走公司账户资金 5508 万元。

一种意见认为，作为拥有公司 100% 股权的登记股东，有权利作出分红决定。根据净资产评估结果，依 40% 股权比例，陆某某等四人本可分配利润 6600 万元，现只分配 5508 万元，没有超出自己应得范围。该四人拿回自己可分配的利润，是正常行使公司管理职能的行为，不构成职务侵占罪。笔者认为，利润分配请求权是重要的股东权利，全体股东一致同意可以进行利润分配，虽然陆某某等人的行为在形式上存在一些瑕疵，但总体而言属于有"权源"的行为，并不改变行为的性质，属于实质上合法的行为，应交由民事法律规范予以调整，不应刑事处理。

股权代持刑民交叉案件法律关系可以用图 4 表示：

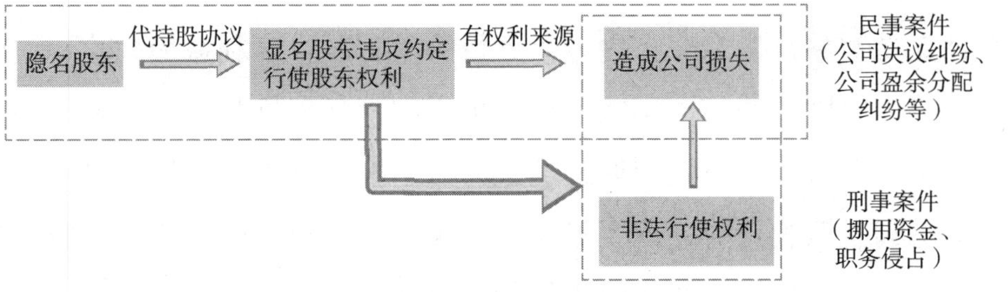

图 4　股权代持刑民交叉案件法律关系

在隐名股权投资中，隐名股东通过代持股协议控制显名股东行使股东权利，当显名股东违反协议约定行使权利，发生纠纷，造成隐名股东或公司财产损失的，适用相关民事法律规范调整。但是当显名股东没有权利来源，非法行使“权利”，以股东之名，行无“权”之实，造成公司财产损失的，则可能涉嫌挪用资金或者职务侵占犯罪。这需要结合民法知识，对公司治理有一个正确理解。

三、股权投资刑民交叉案件认定规则

（一）非法占有目的的认定

非法占有目的是合同诈骗罪不可缺少的构成要件，成为区分合同诈骗和合同欺诈的重要标准。股权转让中发生纠纷的原因是对交易对象“股权”和交易对价“股权转让款”是否等价的认识不能达成一致，不能达成一致的根源是“股权”存在瑕疵，并没有物有所值。股权转让人非法占有的对象自然是“股权转让款”，但其毕竟付出了“股权”这个代价，虽然是有瑕疵的股权，不能当然推定行为人的非法占有目的。笔者认为，非法占有目的的认定，可以通过以下三个步骤进行筛选，这三者是依次递进、依次淘汰的关系，最后得出非法占有目的的结论。

1. 排除民事股权转让纠纷

如果在实质上能够判断属于民事股权转让纠纷，则没有必要进入后续步骤，不可能成立刑事犯罪。股权受让人作为市场投资者，自主选择交易对象，确定交易内容，其目的是实现自身利益最大化，应受主观等值原则的约束，不能动辄以事后的判断来推翻交易，随意指认对方构成刑事犯罪，企图通过刑法为自己挽回损失。即使交易中存在一些隐瞒、欺骗行为，只要不关系到重大交易事项的隐瞒、欺骗，仍然属于民事股权转让纠纷应当处理的范畴。此类隐瞒、欺骗集中体现在股权瑕疵上，即转让人没有告诉受让人所转让股权含有物的瑕疵或权利瑕疵。

股权权利瑕疵的情形，如转让股东违反出资义务，存在出资瑕疵，公司章程或者股东会决议对股权行使的限制，股权上存在担保物权，转让人不是实质权利人、转让股权未经其他股东半数以上同意等。股权权利瑕疵使得受让人受让的权利之上存在负担或者限制之瑕疵，但不存在股权履行不能或部分履行不能的问题，因此受让人不能基于股权权利瑕疵请求解除合同，但可以在满足瑕疵责任的情况下对转让人主张损害赔偿。[①] 即虽然股权的行使存在一定瑕疵，但权利行使的瑕疵和责任的承担按照民事规则进行调整，交易仍然有效，转让方确实交付了股权这个对价物，不应当认定为非法占有目的，此种情形应排除刑事案件的适用。

难点在于股权物的瑕疵情形，不同于一般的买卖物，股权物的瑕疵不会直观显现，难以判断股权价值减损的程度。公司财产决定股权的实际价值，公司财产的真实存在是股权价值得以实现的保证，如果股权转让所对应的公司财产并不真实存在，受让人即使取得股权也无任何意义，股权不具有真正的价值，该瑕疵不是权利瑕疵，而是股权交换价值的减少，属于物的瑕疵担保责任的内容。[②] 也就是说，此时对交易对价等值性的判断应当突破形式公正而追求实质公正，当股权存在物的重大瑕疵导致不能实现受让股权的合同目的时，受让人可以请求解除股权转让合同。如股权转让人故意隐瞒在建项目没有取得危

---

① 参见邵兴全编著：《公司法诉讼实务十八讲》，北京大学出版社 2023 年版，第 124 页。

② 参见最高人民法院民事审判第二庭编著：《最高人民法院关于买卖合同司法解释理解与适用》，人民法院出版社 2016 年版，第 668—669 页。

险化学品经营许可证、项目选址不符合国家安全生产监督管理规定，法院认为该影响公司生产经营的重大事项，属于转让标的物的重大瑕疵，使受让人通过股权转让取得公司合法经营权的目的不能实现，判决解除股权转让合同，返还股权转让款。[①]

上述规则虽然运用于民事领域，在判断刑事非法占有目的时亦可借鉴。即股权转让人对重大交易事项实施隐瞒、欺骗行为，导致股权重大物的瑕疵，公司资产重大减损，合同目的不能实现，除应当承担民事责任外，还应当进一步判断是否具有非法占有目的，构成刑事犯罪。其中关键点是重大瑕疵的认定，这需要结合合同约定、物的瑕疵对股权转让合同的实质影响、受让人是否履行了必要注意义务进行综合认定。如不属于重大物的瑕疵，仍应按照民事法律规范进行调整。

2. 确认重大交易事项欺骗

如上所述，重大交易事项欺骗应当是与公司资产减损直接相关的股权重大物的瑕疵，导致所交易股权价值明显背离市场规律，股权受让人重大财产损失。笔者认为，重大交易事项欺骗的筛选可从两方面分析，一是股权本身是否存在，是否虚假，能否交付；二是在审计、评估或双方协商股权价值中，对公司资产负债的重大隐瞒、欺骗。

所转让的股权是否存在，是否虚假，能否交付股权，直接关系公司资产的有无及交易目的能否实现。如果所转让的股权事实上根本不存在，则股权转让只是一个幌子，骗取钱财才是真实意图。如虚构自己是11家矿业公司的实际控制人，拥有百分之百的股权，骗取被害单位合作开发经营，进而骗取巨额股权转让补偿金；[②]虚构公司股东会增

① 参见安徽省高级人民法院（2015）皖民二终字第01074号民事判决书。

② 参见北京市高级人民法院（2019）京刑终23号刑事裁定书。

资扩股决议，骗取投资人增资投资款。[①] 所谓股权虚假，是指虽有名义上的股权，但公司并无实际资产，股权不具有真实价值，类似“空手套白狼”。如虚构公司具有土地项目，诱骗投资人为开发经营该项目收购自己公司股权；[②] 谎称自己的投资公司具有高额盈利能力，将公司股份分成 15 份，每份 333 万元转让给被害人，骗取投资款。[③] 所谓能否交付股权，是指股权虽然真实存在，但转让人无权处分并且主观履行不能，事实上属于出卖他人之物或者“一股二卖”。如购买股权但未支付大部分转让款，隐瞒事实真相，又将该股权出卖于他人，骗取股权转让款；[④] 将煤矿股权同时转让于两家公司，在将股权变更给一家公司后仍向另一家公司收取股权转让款 2.3 亿元。[⑤] 上述情形，进一步判断非法占有目的，构成合同诈骗罪没有异议。

确定股权转让价格的过程中，到底要隐瞒、欺骗到什么程度，才是重大交易事项的隐瞒、欺骗，进而可能具有非法占有目的，构成刑事犯罪，是判断难点。对公司重要资产的隐瞒、欺骗，使得股权价值“名不副实”，股权转让款“打了水漂”，无疑属于重大交易事项欺骗。如提供虚假的矿产资源储备文件，显示公司所属金矿金金属储量 4.6 吨，银金属储量 400.43 吨，以证明矿金银储量丰富、开采价值巨大，欺骗他人签订股权转让协议，以 5000 万元转让公司全部股权，后证实实际储量为金金属储量 206.27 千克，银金属储量 40.43 吨。[⑥] 但并不是说一定要求公司资产一文不值或是价值极低才是重大交易事项欺骗，

① 参见山东省高级人民法院（2019）鲁刑终 253 号刑事判决书。
② 参见广东省高级人民法院（2018）粤刑终 1702 号刑事裁定书。
③ 参见福建省高级人民法院（2020）闽刑终 134 号刑事裁定书。
④ 参见最高人民法院（2016）最高法刑申 248 号驳回申诉通知书。
⑤ 参见内蒙古自治区高级人民法院（2019）内刑终 130 号刑事裁定书。
⑥ 参见河南省高级人民法院（2021）豫刑终 165 号刑事裁定书。

这等于要求被害人被骗得“体无完肤”才能追究行为人的刑事责任，不符合法理常情。笔者认为，涉及财务数据造假，提供虚假的资产负债表、利润表、现金流量表等材料，引起公司资产被错误评估，致使转让价格背离市场规律的行为，属于重大交易事项欺骗。

［案例1］梁某某之所以实施了重大交易事项隐瞒、欺骗，一是其隐瞒了万寿山公司须承担3000余万元连带担保债务的事实，二是其隐瞒了242亩土地不能办理划拨土地使用权证，因费用甚巨，其也不想、不愿按要求办理出让土地使用权证的事实。此两点对达成股权转让、合同签订、交易价格等重大交易事项具有直接、重大的影响，梁某某故意在签订合同前不予披露，其隐瞒、欺诈行为甚为明显，在证据上也足以认定。

重大交易事项欺骗并不能直接得出非法占有目的的结论，因为这仅仅证实行为人取得他人财产所有权的手段或方法为民事法律所反对或禁止，即具有非法占有的客观行为，但非法占有的客观行为并不等同于非法占有的主观目的，是否具有非法占有主观目的需要另行作出判断。如不能得出肯定性结论，则该争议仍属民事纠纷，不能进入刑事领域。

3. 实体判断非法占有目的

占有在民事上属于所有权四项权能之一，即占有、使用、收益和处分。刑事上非法占有目的之“占有”并不是所有权能之一的“占有”，而是侵犯了所有权本身，其实际为“非法所有目的”，包括排除所有权意思和取得所有权意思。单纯对占有的侵犯，应由民法占有制度的相关规定进行规制，不必由刑法进行制裁。[①]实践中以刑事推定来认定非法占有目的，实际上架空了非法占有目的作为犯罪构成要件主观方面的独立地位，没有从实体上明确“非法占有目的”的内涵和

① 参见蔡福华：《刑民关联案件的法理展开》，法律出版社2022年版，第84—89页。

判断标准，有些时候并不能得出正确结论。如将“使用骗取的资金进行违法犯罪活动”推定为非法占有目的，与挪用资金归个人使用进行非法活动的成立挪用资金罪而不是职务侵占罪的刑法规定相背。

非法占有目的之判断是重大交易事项欺骗之上的再判断，转让人已依约取得股权转让款，此时判断的重心转移于排除所有意思。只要可以认定转让人具有“永远占有他人财物的意思”① 的排除所有意思，股权受让人实质上已经丧失了所交付转让款的所有权，转让人当然构成对财产所有权的侵犯，非法占有目的即可认定。如前所述，事实上存在两个“非法占有”，即非法占有的客观行为（重大交易事项欺骗）和非法占有的主观故意。对这两个“非法占有”要分别证明，不能以非法占有的客观行为直接等同非法占有的主观故意，因为非法占有行为是一种客观现象，此客观现象所对应的主观故意可能是非法占有目的，也可能不是，如不具有非法占有目的的骗用等。有一种意见认为，行为人通过股权转让取得转让款，不成立非法占有目的。这实际上是放弃了“重大交易事项欺骗”这一前置环节的审查，如果行为人在股权转让中实施了重大交易事项欺骗，则其无权以股权转让款所有人的地位自居，像主人一样决定转让款的使用。

“行为人的返还意思”是排除意思的判定标准。②“想不想还”的主观心态成为判定关键，“不想还”有可能就是非法占有目的，“想还”但还不起，证明其主观上没有永久剥夺他人财产的故意，不符合排除所有意思。已经资不抵债，仍然进行不切实际的交易，一般可以判定不具有返还意思。但并不是说资足以抵债，就不成立非法占有目的。

① 黎宏：《刑法学》，法律出版社 2012 年版，第 718 页。

② 参见［日］大谷实：《刑法讲义各论》（第二版），黎宏译，中国人民大学出版社 2008 年版，第 182 页。

还款能力并不等于还款意愿,“有钱而不还”更加证明非法占有的故意，再富有的人也可能诈骗，再富有的公司也可能非法占有。

［案例1］梁某某通过转让股权将75%的债务责任甩给了福寿园公司，其实质是诱骗他人来代替自己承担债务，使自己免于承担债务的同时，永久性地剥夺他人财产所有权，完全可以认定非法占有目的。且其非法占有的对象分别为被害人已承担债务的75%份额（已遂），和已确定尚未现实承担债务的75%份额（未遂）。

（二）投资风险责任辨析

对赌协议以其特有的动态估值调整机能，通过合同手段打破了公司利益与风险分配格局，从而产生了合同自由原则与公司规制精神的冲突。[①]一旦这种冲突侵害刑法保护的法益，必然需要动用刑法进行规制。在刑民交叉领域辨析市场投资风险，对于鼓励市场交易，保障交易安全，限制刑事干预范围，准确认定刑事案件具有重要意义。笔者认为，对赌协议作为一种合作共赢、风险共担的商业模式，存在对赌估值虚高、对赌结果履行、对赌条款成就三大市场风险，其中以非法占有目的不正当成就对赌条件的行为应当进行刑事规制。

1.对赌估值虚高风险责任

对赌协议是一种人为设计的交易结构，目的是保证在双方对估值无法达成一致时能够将交易进行下去。判断股权价值，依赖于很多信息，而交易双方能否在价格上达成一致，又取决于各种因素，但其中较核心的一个因素是对公司未来收入或利润的判断，因为这是影响公司股权未来价值最重要的因素之一。[②]对赌双方通过对目标公司资产

---

① 参见李安安、范鑫：《公司实质参与对赌协议的合法性解构：合同自由与公司规制》，载《中国矿业大学学报（社会科学版）》2020年第1期。

② 参见刘晓春主编：《“对赌协议”典型仲裁案例与实务精要》，北京大学出版社2021年版，第80页。

进行审计、评估、协商等方法，并且预估目标公司经营能力，综合确定收购目标公司股权（股权转让或增资扩股）的交易价格。如同股权转让过程可能出现转让人对公司资产债务、利润等的隐瞒、欺骗，对赌协议中也可能发生这样的财务造假行为，以虚高公司估值，提高股权收购价格。这是市场交易中的道德风险，投资人应当尽到自己的注意义务，通过尽职调查等手段尽量避免风险。对赌协议本身就有赌的成分，与单纯的股权转让不一样，投资人应有为自己的投机行为承担更大风险的心理准备。如果融资人确实通过财务造假等手段虚高了公司估值，导致股权收购价格偏离了正常价值，此时也不能以前述股权转让中非法占有目的的判断方法，认定融资人可能构成刑事犯罪。因为对赌协议一个重要的功能就是估值调整，即设立对赌条件，在对赌失败时，使得融资方以溢价方式回购股权或进行现金补偿，投资方得以拿回收购股权的投资款并取得相对固定的收益。这与单纯的股权转让完全不同，不具有判定非法占有的基础。

［案例 2］在并购前被告人为提高智慧海派公司经营业绩，获得更高交易对价，实施了虚构交易、虚增利润等财务造假行为，但司法机关并未认定在签订对赌协议之时，被告人即具有非法占有的主观故意，这是正确的。被告人可能为争取更多融资，待促成交易后再积极履约，从而获取合同利益，实现双赢，这是符合市场交易规则的行为。若达成对赌目标，公司通过引入投资款获得发展机会，若未达成对赌目标，公司则回购股权，这种主观意图体现不出非法占有目的。

因此可以认为，在对赌协议签订之前、签订之时，行为人实施的对资产、负债、利润的隐瞒、欺骗及财务造假行为，属于投资人应当承担的市场交易风险，为此产生争议的，应由民事法律关系予以调整，刑法不宜过早介入。

2. 对赌结果履行风险责任

自对赌协议第一案“海富案”以来，民事司法实践逐渐确立了以目标公司股东、实际控制人为义务人的对赌协议原则上有效的裁判规则或观点。《九民纪要》进一步明确：对于投资方与目标公司订立的对赌协议，在不存在法定无效事由的情况下，目标公司仅以存在股权回购或者金钱补偿约定为由，主张对赌协议无效的，人民法院不予支持，但投资方主张实际履行的，人民法院应当审查是否符合公司法关于股东不得抽逃出资或股份回购的强制性规定，目标公司未完成减资程序的，人民法院应当驳回其诉讼请求。

据此，投资人不论是与目标公司股东、实际控制人，还是与目标公司所签订的对赌协议，只要不存在合同法上的法定无效事由，对双方都具有效力。但合同有效并不意味着不存在风险，因为目标公司能否实际履行股权回购或现金补偿，具有不确定性。公司法对公司可以回购股权的情形进行了明确规定，严格限制公司回购股权。公司回购股权与股东抽逃出资都关系到资本维持原则，即公司应当维持与公司资本总额相当的资产，在公司存续过程中，应当至少维持相当于资本额度之财产。[①] 公司减少注册资本必须履行法定减资程序，所以《九民纪要》规定在投资方请求回购股权时，需要启动审查减资程序是否完成来处理当事人的请求，即将减资作为股权回购的必要前置程序。但减资程序往往需要目标公司的积极作为才能顺利完成，如果目标公司不召集主持股东会、不通知债权人、不发布公告，减资程序便无从启动，更不要说实体上的作为。若目标公司根本无利润进行回购和补偿，减资更是无从谈起。个人回购或补偿亦存在履行不能的风险，这

① 参见施天涛：《公司法论》（第四版），法律出版社 2018 年版，第 168 页。

是显而易见的。面对此僵局，投资方将面临“回购不能”“补偿不能”的风险，其投资目的将落空。此时，即使合同被认定有效，但是投资人的权益仍无法得到保障。

由上可见，在对赌协议签订之后，如果融资方对赌“赌输”，对赌协议设计的“美好愿景”不一定能够实现，投资人投入的资金可能无法回本，更不要说溢价收益。造成这一问题的实质在于融资人不依约履行合同，属于投资人应当承担的市场交易风险，对此可通过违约之诉进行救济。作为理性投资人，在预期投资收益的同时也应当自行承担投资风险，不能以巨额损失无法挽回为由，请求刑事介入。

3. 对赌条款成就风险责任

对赌条款是对赌协议的核心内容，是估值调整机制的重要体现。对赌条款主要涉及两类约定，一是业绩补偿对赌，即约定融资方在约定期限内达到约定的财务指标，由投资方给予相应的金钱补偿；反之，融资方应当按照约定向投资方支付货币补偿，或向投资方转让股权，或向投资方回购目标公司股权。二是股权回购对赌，目标公司在约定期限内实现上市，否则，融资方应当按照约定向投资方回购股权。[①]也就是说，如果目标公司实现了对赌目标，则公司价值被低估，应由投资方补偿融资方；如果未实现对赌目标，则公司价值被高估，应由融资方补偿投资方。对赌条款成就与否，直接关系对赌双方利益，是对赌协议的重大风险所在，也是刑民交叉辨别疑难点所在。

行为人在对赌协议履行过程中不正当成就对赌条款，属于重大交易事项欺骗。虽然投资人参与对赌这一特殊性的市场交易行为，应当承担极大的投资及投机风险，但是行为人通过对目标公司资产、负债、

---

① 参见贺剑:《对赌协议何以履行不能？——一个公司法与民法的交叉研究》，载《法学家》2021年第1期。

利润等的隐瞒、欺骗，及相关的财务造假行为，虚假成就对赌条件，非法获得投资款和溢价款，属于人为导致估值调整机制失灵，已不是单纯的市场投资风险。构成重大交易事项欺骗，进一步判定非法占有目的，才能进行刑事规制，否则仍由民事案件调整。

当投资款作为增资进入公司，用于公司经营发展，行为人实施重大交易事项欺骗，虚假成就对赌条款，免除自己回购或补偿义务，由于对赌回购义务属于金钱给付之债，[①] 此时不能认为行为人侵犯的是投资款本身的所有权。因为投资款已经物化于公司经营过程之中，根据合同约定转变为债权请求权。债权不同于物权的所有权，难以判定非法占有目的。侵犯债权的违法性，尚未达到值得刑事处罚的质和量的刑事违法性，侵犯债权的行为，单凭民法和行政法就有措施并有效地予以规制，只有在撕毁借条不想还钱、强迫写下借条并通过民事诉讼企图或已经取得财物等特殊情况下，才予以追究刑事责任。[②] 因此在此种情形下，不宜认定行为人具有非法占有目的，对赌双方发生的争议应经由民事途径解决。

［案例2］与上述情形不同，被害人向被告人定向增发股份代替现金收购股权，交易安排的实质是"股权转让＋回购条款"，投资款以股权转让款的形式归被告人所有，并未进入公司，被告人实施重大交易事项欺骗，类似于股权转让中的重大交易事项欺骗，侵犯的是股权转让款本身的所有权，只是另外多了一个回购条款债权请求权的保障，这不影响非法占有股权转让款的刑事定性。被告人获取的分红收益则

---

① 参见张保华：《对赌协议下股份回购义务可履行性的判定》，载《环球法律评论》2021年第1期。

② 参见蔡福华：《刑民关联案件的法理展开》，法律出版社2022年版，第64—65页。

属被害人受骗后另行交付的财物，其行为性质应作相同理解。被告人通过不正当成就对赌条款，不但逃避了业绩补偿义务的履行，还恶意阻挠了投资款和溢价款的返还，并且还实际取得了分红的非法利益。对赌协议已偏离了融资的本意，成为被告人谋利的工具。被害人基于该重大交易事项欺骗，陷入错误认识后遭受财产损失。很明显，行为人以取得所有的意思，永久性地剥夺他人财产所有，应当认定非法占有目的，纳入合同诈骗罪的打击范围。

综上，基于对赌协议的特殊交易构造，只有在投资款未进入公司运营，行为人以非法占有为目的不正当成就对赌条款，骗取投资款、溢价款或被害人另行给予财物的，才可能构成合同诈骗罪，进行刑事追究。在对赌协议签订、履行中其他大量的隐瞒、欺骗行为，或可能因估值过高或约定条件无法兑现而发生纠纷，均应通过民事途径解决，避免刑法对民事交易的过度干预，因为“投资者也需要直面投资失败的风险承担”。[①]

（三）案涉财产性质判断

案涉财产性质直接决定争议纠纷的性质，案涉财产性质判断是股东协议刑民交叉案件认定的关键。公司股东对其个人财产的处置是其自由权利，国家法律不予干预。公司股东对公司资产进行非法处置，但处置对价归入公司，只是违反公司法的行为，仍属民事案件，由民事规范予以调整。但公司股东对公司资产进行非法处置，处置对价归个人所有的，则涉嫌挪用资金罪或职务侵占罪。笔者认为，可以从公司决议、股东协议、对价去向三个层面进行分析，确定案涉财产性质，准确认定刑事案件。

① 参见刘燕：《“对赌协议”的裁判路径及政策选择——基于PE/VC与公司对赌场景的分析》，载《法学研究》2020年第2期。

1. 公司决议不能非法分割公司财产

公司享有法人财产权，股东对公司出资后，该出资即成为公司财产，股东转而拥有公司的股权，也可以说股东对其投入的资产享有股权，但对公司财产不具有所有权。股东要收回投入的资产，可以转让股权，或通过解散公司，对公司资产进行清算后，按照自己的出资额或股权比例分配公司的剩余财产来实现。股东要对公司财产进行分割，只能按照公司法第186条（现为第236条）的规定，对公司进行清算后进行。[①]根据公司法规定，公司自行解散或强制解散，应当成立清算组进行清算，在清理公司财产、编制资产负债表和财产清单后，制作清算方案。公司财产在分别支付清算费用、职工的工资、社会保险费用和法定补偿金，缴纳所欠税款，清偿公司债务后的剩余财产，有限责任公司按照股东的出资比例分配，股份有限公司按照股东持有的股份比例分配。公司财产未依上述规定清偿前，不得分配给股东。在法定情形下，有限责任公司异议股东可以请求公司回购其股权，在公司完成减资程序的前提下，实现全部或部分收回出资，而不是直接退回出资或分割公司资产。这些显然都是效力性强制性规定，排除公司股东间的任意约定。正如公司法第25条所规定的：公司股东会、董事会的决议内容违反法律、行政法规的无效。

［案例3］以公司决议的形式将商铺分配给股东，违反公司法规定，决议无效，不能改变所分割资产仍是公司财产的性质，更不能就此认为公司所有商铺已成为股东个人财产。豪宇公司共有四名股东，豪宇公司自己也是一个“人”，即法人，法律拟制的人，只是它不会说话，需要法定代表人和公司机关来代它表达，替它行动。法律维护法

① 参见贵州省高级人民法院（2016）黔民终74号民事判决书。

人的合法权益，四名股东不能以一致行动为名侵犯法人的合法权益，不能认为全体股东的意思可以改变法律的强行性规定。未经清算对法人财产进行分割，非法减少了公司的责任财产，降低了公司的偿债能力，不仅损害了公司的权益，更侵犯了公司债权人等相关权利人的权益。

2. 股东协议约定转让公司资产无效

股权转让与资产转让存在重大区别，股权转让的主体是股东与受让方，而资产转让的主体是公司本身与收购方；股权转让对价的利益承受者是股东，而资产转让对价的利益承受者是公司自身。公司资产属于公司而不是股东个人，股权转让并不涉及公司资产所有权的转移，受让方受让公司股权后，自然依据股东身份与股权比例对公司享有相应的权益。股东无权转让公司资产，实践中存在股权转让协议中同时约定公司资产所有权转移的内容，不发生转移效力，应视为对公司资产的交接安排，而不是公司资产的转让。

最高人民法院在民事判决中认为：依据公司法，公司股东应当遵守法律、行政法规和公司章程，依法行使股东权利，不得滥用股东权利损害公司或者其他股东的利益；不得滥用公司法人独立地位和股东有限责任损害公司债权人的利益；公司成立后，股东不得抽逃出资的规定，股权转让合同中关于公司某项资产归属一方当事人的约定，系股东非法转移公司资产，会侵害公司的法人财产，影响公司的对外偿债能力，动摇公司的独立法人地位，造成债权人及其他股东的损失，属于损害公司利益和债权人利益的行为，违反了公司法的强制性规范，应属无效。①

［案例 3］股东协议错误地约定股权转让对价的交付方式以将转让

---

① 参见最高人民法院（2016）最高法民终 264 号民事判决书。

方所谓“自己的商铺”交由对方变卖来实现，应视为双方关于商铺转让的约定无效。资产转让部分无效，不影响股权转让部分的效力。探求双方真实意思表示，董某某是意图将自己的股权利益交由许某某享有，并由许某某代自己偿还400万元增资款，即股权转让对价为400万元。同理，彭某向宋某某、许某某转让股权的转让价格为200万元。双方就此产生纠纷，可经民事程序判定，但这不影响公司财产性质的判断。

3. 对价去向最终决定刑事责任承担

行为人不论是非法处置公司资产，或是将公司资产认为是个人财产予以处置，都不必然引起刑事责任，只有行为人将处置对价为个人目的支配、使用，则侵犯了公司财产所有权或使用权，涉嫌职务侵占罪或挪用资金罪。如处置对价归公，则行为人虽然处置行为非法，也没有刑事介入的理由。

处置对价的去向最终决定了刑事责任的承担，不能混淆公司债务和股东个人债务，将清偿个人债务认为是清偿公司债务，导致公司财产处置对价去向认定错误，造成刑民案件认定错误。公司法人财产和股东有限责任是公司法的两大基石，股东以其出资为限对公司承担责任，公司以法人财产对公司债务承担责任。公司资不抵债，不能清偿到期债务的，应当进行重整或者破产清算，未得到清偿的债权归于消灭，无须股东个人承担公司债务，除非发生否认公司人格情形，股东才对公司债务承担连带责任。

［案例3］增资是股东对公司的出资义务，增资款的来源不论是自有资金还是银行贷款，都是股东个人债务，应由股东个人承担。商铺属公司财产，转让对价应回归公司，作为公司法人承担债务的责任财产，而不是归个人所有。许某某、宋某某对商铺的非法处置，实质是利用股东优势地位和管理公司之便，私自将公司财产偿还个人债务或

者转归个人使用，造成法人责任财产不当减少，侵害公司及公司债权人利益，已超出民事法律规范调整范围，有涉嫌犯罪的可能。

（四）股东行使权利理解

股东（大）会是公司的权力机关，通过作出决议的方式行使权力，实现公司治理。在隐名投资关系中，显名股东违背隐名股东意志，通过股东（大）会形成决议行使股东权利，造成公司财产损失，刑民交叉认定的关键在于对股东行使权利正当性的理解。显名股东正当行使权利，即使稍有瑕疵，也不应刑事介入，但如果其非法行使权利，侵犯公司财产，则可能构成刑事犯罪。笔者认为，对此可从股东资格、投资权益、决议瑕疵三方面进行分析判断，在充分尊重市场规律和双方意思自治的基础上，将动用刑事手段限定在最后、最小的范围内。

1. 股东资格是股东权利的前提

股权是股东基于其股东资格而享有的复合性权利，包含财产性权利与非财产性权利。股权与股东资格同时产生，获得股权就意味着取得股东资格，取得股东资格也意味着拥有股权。股东资格是出资人因与公司之间建立取得股份的法律关系而具有的法律地位或身份，是投资人取得和行使股东权利、承担股东义务的基础。

出资是出资人成为股东，确认股东资格最主要的方式，但出资人出资并非一定能够成为股东，在出资人出资后可能存在阻碍其成为股东的多种情况，如出资人明确表示拒绝成为公司股东等，因此，公司法没有要求股东实际出资与股东资格互为条件。如关于股东资格确认民事裁判规则认为：出资瑕疵不能成为否认股东资格的唯一标准；股东未出资或者虚假出资并非必然丧失股东资格；股东是否完全出资并非当事人具有股东资格的前提；具有成为股东的意思表示是当事人成为公司股东的重要标准；公司章程或股东名册中对股东进行记载对确认股东资格具有法律效力。股东资格的确认以公司法的基本原则和规定为依据，就有限责任公司的股东来说，被记载于公司章程和向公司登记机关登记对于确定其股东资格具有决定性意义。[①]《九民纪要》统一明确以目标公司股东名册变更作为股权转移的标志，即出资人的姓名或名称记载于股东名册，可以作为认定其取得股权的充分条件。[②]

［案例4］新能源公司股东名册和工商登记显示公司全部股东为陆某某、胡某某、陶某某，三人合计占股100%，根据2018年公司法第34条、第37条、第166条关于股东分红的具体规定，足以形成利润分配方案的公司决议，且股东一致同意，可以不召开股东会会议，直接作出决定，全体股东在决定文件上签名、盖章即可。股东投资公司的最终目的，就是从公司获取利润分红。事实上被告人有权进行100%股权利润分配，对于多出自己40%股权比例的部分仅须向隐名出资人承担违约或侵权赔偿责任，何况其所分配利润未达40%比例，不可能构成刑事犯罪。虽然根据代持股协议，另60%股权为代其他8名投资人持有，但该8名隐名股东在公司股东名册和工商登记中并未登记为公司股东，因此其未取得股权，不具有股东资格，实际上不是公司股东，无法行使其所隐形拥有股权相对应的财产权利和公司治理权利。名义出资人实质上具有股东资格，其在公司中享有股东权益并承担股东义务与责任，实际出资人实质上并非公司股东，其不享有任何公司股东权利。[③]

---

① 参见张嘉军等：《公司纠纷裁判精要与裁判规则》，人民法院出版社2020年版，第41—47页。

② 参见《九民纪要》第8条。

③ 参见广西壮族自治区高级人民法院（2018）桂民申1773号民事判决书。

2. 投资权益不等同于股东权利

公司法实践保护隐名股东的投资权益，但投资权益并不等同于股东权利，股东权利只能由名义股东直接行使。隐名股东的投资权益依据双方签订的代持股协议确定并依法受保护，但其只能通过名义股东之手间接行使股东权利来实现自己的投资权益。隐名投资人如要自己直接行使股东权利，需要实施一系列法律行为，请求显名成为显名股东才行。除隐名出资未违反法律、行政法规禁止性规定外，还要求隐名股东与名义股东签订股权转让合同进行（无须支付股权转让对价），或者虽未签订股权转让合同，但隐名出资合同中明确约定隐名出资关系解除时应将股权转让给实际出资人，并且经公司其他股东过半数同意且放弃优先购买权等，[①] 即代持股协议即使有效，隐名投资人可以根据合同约定请求名义股东将股权转让给自己，但此时必须符合股权转让的条件，事实上也不一定能够成功显名，何以能当然以股东名义行使股东权利呢？[②]

我们应当严格区分隐名股东和显名股东之间的合同关系和股权归属关系，股权归属关系应根据合法的投资行为依法律确定，不能由当

① 张嘉军等：《公司纠纷裁判精要与裁判规则》，人民法院出版社 2020 年版，第 366 页。

② 根据最高人民法院《关于适用〈中华人民共和国公司法〉若干问题的规定（三）》第 24 条规定，有限责任公司的实际出资人与名义出资人订立合同，约定由实际出资人出资并享有投资权益，以名义出资人为名义股东，实际出资人与名义股东对该合同效力发生争议的，如无法律规定的无效情形，人民法院应当认定该合同有效。实际出资人与名义股东因投资权益的归属发生争议，实际出资人以其实际履行了出资义务为由向名义股东主张权利的，人民法院应予支持。名义股东以公司股东名册、公司登记机关登记为由否认实际出资人权利的，人民法院不予支持。实际出资人未经公司其他股东半数以上同意，请求公司变更股东、签发出资证明书、记载于股东名册、记载于公司章程并办理公司登记机关登记的，人民法院不予支持。

事人自由约定，因此，尽管当事人约定双方之间关系是股权代持关系，也不能据此认定双方之间的关系属于股权代持关系，而应认定双方之间系委托投资合同关系。[①] 股权归属不因代持股协议的约定由显名股东转向隐名股东，隐名股东作为实际出资人，虽然可以根据有效的代持股协议向显名股东主张投资权益，却无权向公司主张股东权利。当名义股东行使股权违反该约定时，应当向隐名股东承担违约责任，不能以其违反隐名投资协议而否定名义股东行使股权的效力，名义股东的行为原则上在公司内部以及外部发生法律效力。[②] 即隐名股东与显名股东只是一种基于委托关系而形成的债权债务法律关系，隐名股东应当承担显名股东行使股东权利的道德风险，当履约过程产生纠纷时，隐名股东只能根据合同要求显名股东承担违约责任，而不能突破合同相对性原则，向善意第三人追回自己的权益，更不能通过刑法“帮忙”挽回自己的损失。

［案例4］8名隐名股东不具有股东权利，只具有投资权益，且其投资权益只能通过陆某某等3名显名股东之手得到间接行使。陆某某等人违反代持股协议约定，没有实现隐名股东管理公司的意志，作出分红的公司决议，并实际拿走了属于自己的分红，侵犯了隐名股东的投资权益。隐名股东可提起违约之诉，请求损害赔偿，但不能认为公司分红决议无效，要求对方退回已经分配的利润。当然，损害赔偿可能不能即时实现，或不能达到主观预期，不能恢复未分配利润之前的状态。隐名投资人必须接受这样的客观现实，其既然选择了隐名这种

---

① 参见吴光荣：《物权法精讲：体系解说与实务解答》，中国民主法制出版社2023年版，第336页。

② 参见邵兴全编著：《公司法诉讼实务十八讲》，北京大学出版社2023年版，第35页。

投资方式，就应当承受该投资方式所带来的市场风险。

3. 决议瑕疵股东责任性质界分

行为人依据公司决议对公司财产进行处置，决议不存在争议当然没有问题，但当公司决议存在这样或那样的瑕疵，行为人依决议处置公司财产的行为并不必然具有正当性。在公司法上，根据瑕疵的严重性程度从高到低，公司决议瑕疵分为不成立的决议、无效的决议和可撤销的决议三种类型。公司股东行使股东权利通过召开股东（大）会形成决议，或者作为董事的股东召开董事会形成决议，如属于这三种类型，行为人依决议内容实施相应行为的，将直接影响行为性质的判断。

公司决议作为民事法律行为，首先需要判断该民事法律行为是否成立，如果不存在不成立的事由，则进入是否有效、应否撤销的判断。公司决议不成立的典型情形主要包括公司根本未开会、未表决，理论上称为决议不存在；虽然开会，但出席会议人数或股东所持表决权不符合公司法或公司章程规定，或者表决结果未达到公司法或公司章程规定的通过比例，理论上称为未形成有效决议。公司决议无效是指决议内容违反法律、行政法规的强制性规定，导致公司决议无效的事由主要包括股东滥用股东权利通过决议损害公司或者其他股东的利益；决议过度分配利润、进行重大不当关联交易等导致公司债权人的利益受损等情形。公司决议可撤销是指会议召集程序、表决方式违反法律、行政法规或者公司章程，或者决议内容违反公司章程的，公司股东可自决议作出之日起60日内请求人民法院撤销，但召集程序、表决方式仅有轻微违法，且对决议未产生实质影响的，裁量维持公司决议效力。[①] 公司股东依上述决议内容实施相关行为，无疑都可以按照民事

① 参见邵兴全编著：《公司法诉讼实务十八讲》，北京大学出版社2023年版，第259—273页。

法律进行调整。但在什么情况下可能引起刑事责任，有进一步分析的必要。

公司决议可撤销的前提是决议已成立，其违法程度是最低的。在公司股东行使撤销权之前，或是在除斥期经过后撤销权消灭，公司决议都是成立且有效的，行为人依此行使权利具有正当权利来源，符合民法规范，自然不具有触犯刑责的可能。即使在提起撤销之诉后公司决议被撤销，由于仅是轻微的程序违法，实体内容符合法律规定，不可能符合刑事犯罪的主客观构成要件，其责任应根据民法典第157条之规定处理。即取得的财产予以返还；不能返还或者没有必要返还的折价赔偿；过错方赔偿对方损失；各方都有过错的，各自承担相应责任。因此，在公司决议可撤销情形下，行为人依此实施的行为不承担责任或者仅承担民事责任，绝对排除刑事责任的适用。

公司决议成立后被判定无效以及公司决议不成立，都说明公司决议具有严重的违法性程度，前者决议内容违法，后者则根本不存在决议或不存在有效决议。行为人据此实施的行为缺乏公司实体意志的支撑，在主观上可能存在侵犯公司利益故意心态，有构成侵犯公司财产犯罪的可能性。但决议的无效或不成立不意味着行为人的主观心态即从民事动机转为刑事主观故意，应以具体犯罪构成要件的符合性作为判断标准。如［案例3］《商业资产分割股东协议》的股东会决议内容违法，属无效决议，但并不是说据此行为人就构成职务侵占罪或挪用资金罪。需要另行认定行为人非法占有故意，或侵犯公司财产使用权的故意，否则仍只能适用民事法律规范进行调整，不能刑事介入。

［案例4］分红决议内容合法（经评估当年有可供分配的利润），程序合规（符合表决权要求），完全符合公司法关于分红的规定，无疑是成立且有效的公司决议，不具有决议瑕疵。陆某某等人利用100%

股权的权利形成公司分红决议，利用职务之便执行分红决议，属于有正当权利来源的行为，不应受到刑事追究。至于其在执行分红具体行为中是否侵犯公司或其他股东利益，如决定分配的数额是否正确、有无提取法定公积金、是否需要退还等，这都是行使民事权利是否规范的问题，需要由民法来调整，刑法无法“计算”清楚。一种意见认为，“陆某某等人没有形成分红的股东决议，未经公司决议机构依法决定，支取公司 5508 万元的行为不属于分红行为”，这实际上是将分红的公司决议认定为不成立，这种判断不符合民事法律规范的要求。退一步讲，即便如此，陆某某等人确实只是想拿回属于自己的分红，无职务侵占或者挪用资金犯罪的主观故意，没有给公司和其他股东造成实际损失，不符合两罪的主观构成要件，也不应定罪处理。[①]

四、股权投资刑民交叉案件处理规律

（一）民事上合法的行为不构成刑事犯罪

刑法和民法虽具有不同的目的，各自的违法性存在实质区别，但最终都是为整体法秩序目的服务的，应当受合目的性的法秩序统一性约束，服务于法律对公民利益的保护。刑法和民法合目的性的统一，最终是利益保护的统一。[②]

民法上被评价为合法的行为，不具有刑事违法性，不可能构成刑事犯罪，这是合目的性法秩序统一性原理的必然结论。民法上实质合

---

① 一种意见认为，“陆某某等人利用职务之便，未经公司正当财务手续，擅自挪用单位资金归个人使用，构成挪用资金罪”，属于对犯罪主观方面构成要件认定错误。没有经过正当财务手续的客观行为不能直接等同犯罪的主观故意，同一客观行为可能隐藏着不同的主观故意，对此应另行独立分析判断。

② 参见陈少青：《法秩序的统一性与违法判断的相对性》，载《法学家》2016 年第 3 期。

法的行为（不是形式合法，实质违法的行为），在刑法上当然也是合法的，民法所鼓励和保护的行为，不可能受到刑法制裁，否则就不是对公民利益保护的统一，民众将无所适从，不知道该怎样规范自己的行为，社会将陷入混乱，法律将失去信义。行为人通过股权投资获取投资利益理应受到保护，才能鼓励市场主体敢于投资，勇于创新，实现市场经济发展。如果刑法妄加干涉，随意剥夺市场主体的投资利益，交易安全将无法得到保证，市场主体将不敢投资，惮于交易，严重阻碍市场经济发展。

[案例4]陆某某等人行使100%股权的股东权利，形成股东会分红决议，股东对公司的抽象分红权变成了具体债权，陆某某等人只拿回自己应得范围内的分红，对公司来说属于有效的债务清偿，不能认为公司存在财产损失。没有财产损失，何来财产犯罪。[①] 当刑法保护民法上的财产时，必须以民法上的财产损失为认定前提，没有民法上的财产损失，就没有民法上侵犯财产的违法性，也就不可能有刑法上侵犯财产犯罪的刑事违法性。

（二）民事上不法的行为不一定触犯刑法

刑法不可能将所有民事违法行为、行政违法行为均认定具有刑事违法性，只能将那些非法性达到值得科处刑罚程度的行为认定具有刑事违法性，这就需要在一定程度上承认违法判断的相对性。[②] 违法判断的相对性要求同一行为在前置法（民法、行政法）中为非法，在后置法（刑法）中符合犯罪构成要件，采取"一般违法性+可罚的违法

① 参见王昭武：《法秩序统一性视野下违法判断的相对性》，载《中外法学》2015年第1期。

② 参见王昭武：《法秩序统一性视野下违法判断的相对性》，载《中外法学》2015年第1期。

性＝刑事违法性”的双重判断结构。据此得出的判断结论是：行为人的行为不具有前置法的违法性，说明是整体法秩序所允许的行为，完全阻却刑事违法性，不能成立刑事犯罪；行为人的行为虽具有一般违法性，但如果不具有可罚的违法性，不符合犯罪构成要件，同样不可能构成犯罪。前者即“民事上合法的行为不构成刑事犯罪”，后者即“民事上不法的行为不一定触犯刑法”。

股权投资是市场经济的重要交易行为，发生争议和纠纷实属常见，对此应正确适用违法判断的相对性规则，抓住犯罪构成要件这个核心，对于虽然民事上违法，但不具有刑事违法性的行为，应当以民事法律规范解决问题，不得进入刑事程序。司法人员不能自觉不自觉地脱离犯罪构成要件，或者以其他条件替代犯罪构成要件，或者以民事不法等同刑事不法，将不构成犯罪的行为认定为犯罪，错误地进入刑事程序，造成刑法对正常经济行为的不当干预。如［案例4］即使认为分红行为在民事上不被认可，也难以进一步证实刑事违法性，仍只能在民事案件范围内处理。

司法实践中，应当特别注意要实体判断非法占有目的，不能以商业欺诈行为等同非法占有目的，从而虚化非法占有主观故意的构成要件，将民事不法作为刑事犯罪处理。要正确理解市场投资风险，市场上没有稳赚不赔的买卖，没有只赢不输的合作，不存在必须盈利的刚性保障，有风险就可能出现损失，不能将投资人应当自担的损失认为是刑法上的“被害人损失”。要准确辨析财产性质，应以民事法律规范作为判断财产性质的前提，不能放弃该法律事实的审查，而由当事人自己任意决定财产归属，造成刑民案件认定错误。要正确认识公司治理行为，不能仅因行为人造成公司财产严重损失，或是公司治理严重违反程序（更不要说一般损失或一般违反程序），就当然认为构成刑事犯罪。

（三）要件符合性行为刑民程序路径选择

民事诉讼与刑事诉讼在诉讼目的、保护法益、审理重点、证明标准、证据规则、责任性质等方面均存在重大差异，民事责任的承担不能代替刑事责任追究，刑事责任追究亦不免除当事人依民事法律规范应当承担的民事责任。在刑民交叉案件构成犯罪的情况下，应当追究刑事和民事两个责任，进行刑事和民事两个诉讼，此时存在刑民程序适用模式问题。

民事诉讼法第153条第1款第5项规定“本案必须以另一案的审理结果为依据，而另一案尚未审结的”，民事诉讼中止。当“另一案”是刑事案件时，这实际上就是要求“先刑后民”。当然如果并不需要以该刑事案件的审理结果为依据，也完全可以“刑民并行”。［案例1］和［案例2］的被害人、［案例3］的公司、［案例4］的隐名股东可以提起违约之诉或侵权之诉，要求对方返还投资款及利息、支付收益和违约金、承担损害赔偿等，经民事诉讼作出裁判。该诉讼可以与刑事诉讼同时进行，也可以在刑事诉讼之前或之后进行。

但刑事诉讼中却没有类似的规定，如果刑事诉讼中遇有民事争议，并且需要以民事争议的解决或认定为前提（依据），刑事诉讼却没有规定本案刑事诉讼应予中止。[①] 事实上由于犯罪嫌疑人往往被羁押，并且限于法定办案期限的要求，刑事诉讼不可能“停下来等待”民事诉讼的结果，司法实践中很少出现“先民后刑”的模式。一般认为“先刑后民”或者“刑民并行”不会影响刑事案件的定性处理，因为按照违法判断相对性的理解，既然到了追究刑事责任的阶段，自然

① 参见张卫平：《民刑交叉诉讼关系处理的规则与法理》，载《法学研究》2018年第3期。

已经确立了民事上也是不法的，至于不法的程度、责任的大小、承担的方式，由刑法和民法按照各自规则分别确认。但这只是理论上的设想，并不是所有的刑事司法人员都是民法专家，能够对民法问题进行准确认定。这就需要办案人员仔细辨别。

问题的根源在于，刑事审判庭面对案件涉及民事争议，一般会把民事争议问题转化成单纯的事实问题作出认定，而不从民事法律规范上作出评价，更不会适用民事法律。[①] 可见，刑民交叉案件“先刑后民”或“刑民并行”程序路径在一定程度上存在自身无法克服的弊端，作为司法办案人员，可以探索改进方法。

（四）刑事追究的“先民后刑”模式运用

不能否认，有些刑事案件的处理确实必须以民事案件的认定为前提。股权投资刑民交叉案件常常涉及财产权属争议，在追究行为人刑事责任时，如果民事争议未作出裁判，显然难以认定构成财产犯罪。如行为人对某项财产享有所有权时，则其侵占犯罪便不能成立，［案例4］就是如此。财产权属存在争议，在不追究行为人刑事责任时，如果民事争议未作出裁判，则存在放纵犯罪的可能，［案例3］就是如此。在财产的归属存在争议的涉财产权刑民交叉案件，可以考虑优先使用民事程序确定财产的归属，再根据民事程序认定的结果来确定行为人的犯罪数额，从而避免刑民认定冲突又防止因程序回流等原因造成司法资源浪费，“先民后刑”模式显然是更合适的。[②]

在审查刑事案件面对民事争议问题时，可以“刑民分立”“先民后刑”的理念，以民事思维，运用民事法律规范，对民事争议问题作出

① 参见蔡福华：《刑民关联案件的法理展开》，法律出版社2022年版，第293页。

② 参见夏伟：《刑民交叉的理论构造》，法律出版社2020年版，第57页。

专业判断，要认识到民法上的事要经由民事法律规范来判断，避免刑事法律规范代劳。这就要求承办人自身必具有基本的民法常识，与股权投资相关的如股权与股东出资、股权转让与股东增资、公司法人财产与股东有限责任、公司治理行为瑕疵、公司解散与清算等。要对民法典及公司法等单行民法的具体原则和主要内容比较熟悉，如对平等、自愿、诚信等民法原则的深刻认识，对意思表示、民事法律行为、物权变动、善意取得、侵权行为、损害赔偿等民法知识的专业理解，能够从民事的角度考虑问题。当然，刑事办案人员并不是民法专家，当遇有疑难复杂问题，可以咨询民事专家、学者，或是邀请民事法官、检察官参与案件讨论，为自己作出决定提供参考。

特别是关于合同效力问题的理解，要严格遵循民事判断。并非所有涉及刑事犯罪的民事合同均无民事法律效力，民事案件与刑事案件属于不同性质的案件，各自依据不同的程序、规则予以解决和处理。刑事案件评判的对象是犯罪行为，如是否存在诈骗并造成了相应后果，并以刑法规定的法律构成要件判断该诈骗行为是否已经属于刑罚的调整范围。而民事案件评判的对象是合同双方当事人的民事合同行为，判断是否为双方的真实意思表示，是否对双方当事人具有民事法律约束力，既然属于民事合同案件，则仍应以相关民法典的规定作为判断效力的依据。①

民法典第 143 条规定了民事法律行为有效的条件是具有相应民事行为能力、意思表示真实、不违法背俗，相关条文还规定了民事法律行为无效、可撤销的情形，这是我们判断合同效力的根本依据。根据有效合同取得的财物不可能成立财产犯罪，如果［案例 1］梁某某构

① 参见骆电：《民商事审判笔记》，法律出版社 2023 年版，第 581 页。

成合同诈骗罪，其所签订的股权转让协议并非当然无效（被害人未申请撤销，已过除斥期），合同诈骗犯罪金额不宜以股权转让款计算，而应以被害人不当承担的债务计算。［案例 2］对赌协议虽然有效，但被告人不正当成就对赌条件“得到”增资款和被害人另行给付财物不具有合同依据，负有返还义务，应当计入刑事犯罪数额。根据无效合同取得的财物不受民法保护，自然有可能成立财产犯罪，［案例 3］公司资产分割协议无效，犯罪嫌疑人不能以此作为所分割资产属私有性质的抗辩，其处置资产归个人所有有构成犯罪的可能。通过有效的民事法律行为取得的财产当然不应进行刑事评价，［案例 4］的分红行为即使存在一些财务手续瑕疵，但总体而言，并不改变行为的性质，交由民事法律规范可能更恰当。

当民事不法行为判断的证据不足，此时实际上是排除了民事上的一般违法性，没有继续判断刑事违法性的必要。如认定民事合同欺诈证据不足的行为，自然不可能成立合同诈骗罪。当经济纠纷与经济犯罪错综纠缠，民事争议问题确实难以决定时，应本着有利于被告人和鼓励交易的原则，尽可能用民法手段调整，不使案件带病进入刑事程序。当刑法与民法认定事实存在冲突时，应当优先适用民法的规定，或者尽可能地朝着符合民法规定方向去解释刑法。[①]

① 参见夏伟：《刑民交叉的理论构造》，法律出版社 2020 年版，第 56 页。